KB068573

식물
에게

배우
다

식물
에게

배우
다

최미애 지음

Learn from Plants

바른북스

책을 엮으며

유난히 자연을 좋아하는 사람입니다.

항상 설악산의 기개와 동해를 닮고 싶고 고향의 빼어난 자연 속에서 자란 것을 감사하게 생각합니다. 특히 초등교육학을 전공하면서부터 아름다운 자연 속에서 뛰어놀며 좋은 경험과 행복한 추억을 간직하고 살아갈 수 있게 된 것에 감사하며, 마치 화분을 들고 집으로 들어서는 설레는 마음으로 글을 씁니다.

초 긍정적 마인드로 살아가는 저이지만 삶이 그리 녹록하지만은 않았답니다. 삶에 지쳐 무기력감을 느낄 무렵 식물에게 정성을 쏟았고 식물로부터 커다란 위안을 받았습니다.

이렇게 식물을 키우면서 위안을 받은 식물들의 몸짓언어는 참으로 귀하고 다양해서 책 제목부터 어느 것으로 정할까 망설일 정도로 선택하기 힘들었답니다.

또한 식물의 몸짓언어가 깊은 의미를 내포하고 있어 글의 내용이 다소 교훈적일 것 같아 얼마나 부담 없이 읽을 수 있고 재미있게 접근할 수 있게 풀어쓸 것인가가 최대 과제입니다.

식물을 연구한 전문가가 아니라 책을 내기에는 아직도 부족함이 많이 느껴지고 부끄럽지만 어릴 적 자연 속에서 뛰어놀았고 30년 정도 식물에게 관심과 사랑을 갖고 지켜봤으며, 여러 해를 식물과 사랑에 빠져 이야기를 나누다 보니 식물이라는 세계에 새로운 눈을 뜨게 된 것 같습니다.

그 후로는 식물의 몸짓언어가 주는 시사점을 찾으려 노력하게 되었고 생각에 생각을 거듭한 결과 책을 한 권 읽는 것도 좋지만, 이보다 자연을 벗하거나 장시간 화분에 식물 한 그루 심어 기르는 것이 더 깊은 감동의 울림이 느껴지기에 혼자만 '알아차림 하기' 아까운 생각이 들어 함께 식물에 몸짓언어의 의미를 공유하고 싶어졌습니다.

이 책은 제가 식물을 키우면서 경험하고 느낀 실천적 사고를 바탕으로 경험적 지식을 쓴 글이며, 자칫하면 지극히 주관적일 수 있기 때문에 객관적인 사고를 지향하면서 연구자적인 태도를 잃지 않으려고 노력할 것이나 막상 엮으려 하니 만감이 교차합니다.

꽃잎의 생김새나 식물의 잎을 지나치게 자세히 표현하기 때문에 문장이 다소 조잡하게 느껴질 수 있겠으나 만일 어린이가 읽는다면 관찰력과 탐구하는 자세가 길러졌으면 좋겠다는 마음으로 되도록 자세히 쓸 것입니다.

움직임 교육에 관심이 있으신 분은 제 글을 읽고 상상력을 발휘해 식물의 몸짓언어를 표현무용으로 유도할 수 있겠다는 생각을 했습니다.

더 늦기 전에 화초바라기 친정어머니께 존경과 사랑을 전하고 싶은 마음으로 집필을 서두르게 되었으며, 일본에서 태어난 중학교 3학년인 조카가 이모가 쓴 책을 읽고 한글을 좀 더 심도 있게 배우면서 동시에 확산적 사고 방법까지 터득했으면 하는 욕심을 넣어 될 수 있는 한 이해하기 쉽게 쓰려고 노력할 것입니다.

더불어 작년에 군대 간 두 아들이 앞으로 살아가면서 한 번 더 생각해 보고 실천했으면 하는 바람을 담은 사랑의 메시지도 담겨있습니다.

이 책을 읽으시는 모든 분께서 새로운 꿈을 만드시고 식물의 좋은 기운을 받아 저처럼 다시 행복해졌으면 정말 좋겠습니다.

누구나 극락조처럼
새싹으로 꿈꾸다 발돋움해
쭉쭉 뻗어 올라 활개 치며 우뚝 섰다가,

높이 날아올라 어디로든 훨훨
끝까지 응원합니다.

누군가는 이 책을 읽고 식물이 좋아지기를 바라고, 식물을 키워보고 싶다는 생각이 들며, 누군가는 주변 사물에 대한 관심이 더욱더 깊어지길 바라는 마음으로 씁니다.
이 책을 잡으면 식물과 친밀감이 느껴지고 아픈 친구에게 화분을 선물하고 싶어지며, 사랑하는 가족에게 이름 없는 날 문득 화분을 건네는 마음의 여유를 갖게 되고, 부담 없이 온 가족 누구에게나 편하게 함께 읽히는 책이 되기를 바라는 마음이 큽니다.

코로나-19로 인하여 전 세계인이 장기적 단기적 혹은 영원한 이별로 두려움과 고통을 받고 있는 요즘, 각종 스트레스와 우울증을 호소하시며 이 시대를 힘들게 살아가시는 모든 분께 다소나마 식물 곁에서 위안받으시고 예전처럼 다시 활기차게 거리를 활보할 수 있는 날이 하루빨리 왔으면 좋겠다는 기도하는 마음으로 글을 씁니다.

2020년 4월 2일
이학박사 최미애

차례

2부

식물에게 지성적으로 배우기

책을 맺으며

1부

식물에게

감성적으로 배우기

몸짓언어라
부릅니다

식물을 키우면서 알게 되었습니다.

관심과 사랑을 주는 줄 알았는데 어느새 제가 사랑과 지혜를 받고 있다는 것을……

식물은 잎, 줄기, 뿌리, 꽃, 열매 등으로 의사표현을 합니다.

식물이 보여주고 들려주는 그 자체를 몸짓언어라 부르기로 합니다.

식물에게서 느껴지는 형태, 즉 생김새나 모양들에서 우리가 알아차림 할 수 있는 사실이나 현상들을 의인화해서 몸짓언어라 부르기로 합니다.

식물을 키우면서 식물이 참 지혜롭다는 것을 느꼈습니다.

예전에 미처 몰랐던 새로운 사실을 알게 되고, 배우게 되고, 깨닫게 되고…….

식물에게서 너무나 신기한 현상을 목격했기에 검색해 보니 식물도 지능이 있답니다. 믿거나 말거나지만 경험상 저는 어느 정도 믿고 싶은 쪽으로 약간 기웁니다.

경험상 식물들의 몸짓언어는 가르침이자 삶에 철학적 화두를 던져줍니다.

식물의 몸짓언어는 스포츠처럼 재미있고 예측할 수 없는 특징도 있답니다.

주변을 휘휘 둘러보셔요.

가까이 있는 식물이 우리에게 어떤 모습으로 다가오나요?

나에게 어떤 몸짓으로 표현하고 있나요?

식물이 들려주는 재미있는 이야기를 놓치지 마세요.

식물의 몸짓언어는 재미있는 시나 아름다운 동화가 될 수 있고, 멋진 선율과 춤이 될 수도 있으니까요.

여러분 주변 식물의 속삭임을 들으면서, 동시에 이학박사 아줌마가 소곤소곤 전하는 식물의 몸짓언어에도 귀 기울여 보세요.

가만히
귀 기울여 보세요

꽃이 말을 합니다.
우리 눈으로 인사해요.
항상 사랑스러운 눈길 고마워요.
친구의 미소 정말 멋지군요.
친구가 행복하면 저도 행복해요.

잎이 말을 합니다.
바람과 함께 춤추고 싶어요.
지난밤 물을 많이 마셨더니 땀이 나 힘들어요.
미세먼지가 많아 숨이 차니 제 몸을 닦아주세요.
이젠 떠날 시간이에요.

식물에게 감성적으로 배우기

줄기가 말을 합니다.

우리 어디로 갈까?

전 해를 좋아하는 해바라기예요.

전 아랫마을이 좋은 땅바라기인 걸요.

부드러운 저는 흔들리고 휘어질지라도 부러지지 않아요.

뿌리가 말을 합니다.

목이 자주 마르니 윗마을 친구들도 힘들어하고 있어요.

저는 굵은 마사토를 좋아해요.

제 몸이 커졌으니 나누어 주세요.

가끔은 흙을 긁어주시고 조금 더 부지런해졌으면 좋겠어요.

이렇게 식물은 숨길 수 없는 아주 쉬운 몸짓언어로 자신을 표현합니다.

꽃 색깔이나 잎 모양, 줄기의 기울기, 뿌리 크기, 혹은 온몸으로 말입니다.

조금만 관심 있어도 전 세계 누구나 알아차림 할 수 있는, 배울 수 있는 몸짓언어로 말을 합니다.

식물의 몸짓언어야말로 세계 공통어, 전 세계 사람들이 함께 소통할 수 있는 말이랍니다.

'가만히 귀 기울여 들어보셔요.' 는 초등학교 저학년 교과서에 나왔던 동시 제목입니다.

어려선 노래 부르듯이 흥얼거리며 암송하면서 봄이 오는 소리를 듣기 위해 이른 봄 징검다리 위에 앉아 보기도 했으며, 어른이 되어 봄을 맞이할 때마다 제일 먼저 제목이 떠오르는 언제 어디서나 적용되는 참 좋은 시라는 생각이 듭니다.

　상대방의 이야기를 귀 기울여 들어주고 자연의 소리를 귀 기울여 듣다 보니 식물의 이야기도 몸짓언어로 듣게 되었습니다.

식물을 가꾸면서 확실한 몸짓언어에 매료되다

　우리는 가끔 텔레비전에서 인터뷰를 하거나 강의 중에 자신의 생각을 묻는 과정에서 '뭐뭐 하는 것 같아요.'라는 불확실한 답을 하는 경우를 자주 보곤 합니다.

　"맛이 있는 것 같아요."라는 답은 맛이 있다는 건지 맛이 없다는 것인지 애매모호하게 들립니다. 자신이 느끼는 맛에 대한 생각이고 자신이 느끼는 맛에 대한 취향을 말하면 되는데 말입니다.

　예비교사들이 수업 시연을 할 때도 '뭐뭐 하는 것 같아요.'라는 표현을 자주 쓰는데 간혹 자신의 지식이나 교수 방법에 대한 자신감이 부족한 것으로 느껴질 때가 있어 피드백을 하는 경우도 있습니다.

　작은 상황에서부터 확실하게 자신의 생각을 발표할 수 있고 말할 수 있어야 행동에서도 자신감이 생길 것입니다.

식물은 좋고 나쁨의 표현이 확실합니다.
좋으면 좋다고 온몸으로 보여주고 싫으면 싫다고 온몸으로 표현합니다.
사람처럼 돌려 말하지 않고 가식 없이 몸 전체로 표현하기 때문에 비교적 거짓이 없어 솔직하다고 말할 수 있습니다.
식물은 이해할 때까지 비록 긴 기다림과 정성이 동반되긴 하지만 의사표현이 확실해서 비교적 소통하기 쉽고 편하며 상황과 때에 따라 수시로 변하는 사람 마음보다 한결 이해하기 쉬운 몸짓 언어인 온몸으로 표현합니다.

물론 온도와 자라는 환경이나 계절에 따라서 다르긴 하겠지만 새잎이 돋아난 몬스테라는 잎줄기가 자라 돌돌 말린 커다란 잎이 완전히 펼쳐질 때까지 일주일 정도 걸리므로 잎이 반쯤 펼쳐진 채 2~3일 정도 있게 되는데 이때 하루라도 먼저 햇빛을 받은 잎은 나중에 펼쳐진 잎보다 진한 색을 띠게 됩니다.
이렇게 식물은 잎 한 장에서도 하루가 빠르고 늦음이 확실하게 육안으로 보이게 되므로 비교적 솔직하다고 표현한 것입니다.

줄기 각도를 왔다 갔다 하며 잎 전체의 기울기와 간격의 조화를 조절하고, 잎 면에 일정한 간격으로 구멍을 뚫거나 잎 면 여기저기에 구멍을 내서 줄기 아래에 있는 잎들에게 햇살을 보내는 배려 있는 삶을 몬스테라는 온몸으로 보여줍니다.

보통 다섯 장 꽃잎이어야 할 딸기는 꽃잎을 일곱 장이나 달고 나와 영양 과잉이라며 웃고 있답니다.

공기정화 식물인 스파트필름은 줄기가 가늘어지고 잎도 작아졌으며 윤기도 없고 예전보다 꽃도 작게 피면서 영양분이 부족하다고 온몸으로 말하면서 힘없이 쳐다봅니다.

다육식물은 물이 싫다면서 살점을 뚝뚝 떨어뜨립니다.

진드기가 잔뜩 끼어있는 베란다에 심은 고추는 창문을 열어달라고 아우성입니다.

극락조는 "저는 햇빛이 좋아요, 햇빛이 좋아요."를 해바라기보다 더 적극적으로 표현합니다.

해바라기 줄기는 대부분 곧게 자라면서 꽃송이가 해를 바라보지만 극락조는 일고여덟 개의 줄기 전체가 한 덩어리로 태양을 향해 기울뿐만 아니라 잎도 모두 태양을 향해 펼쳐지며, 어쩌다 태양을 등지고 돋아난 잎은 줄기가 태양 쪽으로 휘어지면서 잎이 태양을 향합니다.

볕이 잘 드는 곳의 산세베리아는 잎 가장자리에 황금빛 띠를

두르고선 햇살과 친함을 과시합니다. 반대로 음지에선 서서히 가장자리의 노란 띠무늬가 없어지면서, 저는 햇살이 너무너무 좋으니 양지로 보내달라고 시위하는 듯합니다. 이렇게 기다란 잎 테두리의 황금 띠를 벗으니 황금 띠를 두른 멋진 친구를 만나 함께하기 위해선 다시 창가 햇살 아래로 이사 보내줘야겠습니다.

봄이 되자 여기저기에서 돋아나 가지치기 당한 가지마루 분재 새싹들은 하얀 뿌리를 내리면서 저는 흙뿐만 아니라 물속에서도 살 수 있다고 당당하게 표현합니다.

이렇게 식물들은 좋고 싫음의 의사표현이 분명해 함께 소통하며 살기 매우 편한 친구가 될 수 있다고 생각합니다. 고양이나 개처럼 살가운 친구는 아니어도 늘 그 자리에서 묵묵히 지켜주는 식물 친구, 요즘은 자동으로 물을 줄 수 있는 화분까지 시판되고 있으니 며칠 여행을 휙 다녀와도 마음 편한 친구가 될 수 있답니다.

이렇게 솔직하고 확실한 매력적인 식물의 몸짓언어에 저는 흠뻑 빠지고 말았답니다. 식물을 기른 작은 경험에서 우러나온 사실적인 새로운 지식의 발견도 재미있고 식물에게서 터득하고 배우는 새로운 감동은 매우 깊습니다.
우리는 식물의 확실한 몸짓언어에서 확실한 감정표현 방법을 배울 수 있습니다. 식물에게 자신의 감정을 정확히 표현하는 방법을 배웁니다.

식물에게 감성적으로 배우기

"맛있습니다. 참 맛있네요."

"좋아요."

"참 기뻐요."

"싫습니다."

당당하고 정확하게 말하는 습관은 확실하게 아는 것에서 시작됩니다.

잘 알아야 합니다. 잘 아는 것이 힘입니다. 식물의 몸짓언어는 아는 만큼 보입니다.

식물이 우리에게 물이 적다, 물이 많다, 물이 싫다 등을 담백하게 온몸으로 보여주는 것처럼 "맛있는 것 같습니다."가 아니라 "맛있습니다." "맛없습니다." "먹을 만합니다."로 확실하게 자신의 생각을 표현하면 어떨까요?

책보다 식물에게서
배우는 것이
더 깊어요

꽃피는 봄날 야외에서 만나자고 했던 약속이 코로나-19 장기전으로 인해 자꾸 늦어지고, 군대 간 아들 신병휴가도 연기된 채, 법적으로 허용된 마스크 두 장도 꼭 필요한 사람에게 양보하기로 결정하고 냉장고 파먹으며 사회적 거리두기를 실천한 지 여러 달.

베란다에서 풍겨오는 짙고 그윽한 재스민 향기에 위로를 받습니다. 스멀스멀 제게로 다가와 코끝을 건드리며 자꾸 친구 하자고 조릅니다.

거실과 안방 가득 채운 재스민 향이 외로움도 우울감도 밀어내는 특효약이 되어줄 줄은 정말 몰랐습니다.

은혜 갚은 까치나 개 이야기는 들어보았어도 식물을 키우면서 이렇게 많은 것을 받게 될 줄은 꿈에도 생각해 본 적이 없습니다.

물밖에 준 것이 없는데 식물은 친구가 되어 새로운 사실을 깨닫게 해주고 어떻게 살아야 하는지에 대한 화두를 던져주며, 심신의 건강과 치유, 신선한 공기, 청량감, 미세먼지 흡수, 테라피 효과, 가습 효과, 계절의 변화, 기다림의 미학, 인테리어 만족감, 차, 향기, 자신감, 희망, 설렘 등 너무나 많은 귀한 것들을 내어줍니다.

초·중·고등학교, 대학교, 대학원, 박사과정, 박사 후 과정(포스트 닥터)까지 평생 학교에서 배우고 가르치면서 살았지만 그 어느 책보다도 자연에게서 배우는, 특히 식물이 들려주는 몸짓언어의 깊이는 무한대입니다.

책보다 식물에게서 배우는 것이 더 깊다고 생각합니다.

책은 저자의 지적능력과 사고력, 표현력 테두리 안에 있지만 식물이 보여주고 들려주는 몸짓언어의 깊이는 끝이 없습니다.

책이 인간의 내면을 엿보는 것이라면 자연과 식물의 몸짓언어에선 우주의 오묘한 섭리를 느낄 수 있었습니다. 식물에게서 예측 불가능한 현상이나 형이상학적인 답을 얻을 수도 있습니다.

식물에 관심이 있거나 식물을 사랑하는 사람이면 식물에게 배운다는 제 말에 공감할 것입니다. 오랫동안 식물을 키워본 사람이면 누구나 식물이 들려주는 몸짓언어에 공감할 것입니다.

어떤 사람은 식물에게 영감을 얻어 시를 쓰고, 어떤 분은 자연에서 깨우쳐 대중들에게 존경받는 깨달음의 진리를 전하기도 합니다.

학교나 방송에서 미세먼지의 심각성을 그렇게 강조해도 아이들은 놀이터와 운동장에서 축구를 합니다. 미세먼지 보통인 날 미세먼지가 눈으로 잘 보이지 않지만 대기 오염에 관한 교육을 할 경우 나뭇잎이나 교실의 식물에 가라앉아 있는 미세먼지를 보여준다면 생각이 달라질 것입니다.

그 미세먼지가 식물 잎에 쌓인 양만큼 코, 입, 폐 속으로 들어갈 거라는 상상을 현실로 보여줄 수 있는 환경교육의 좋은 교구가 화분에 키운 잎에 뽀얗게 내려앉은 먼지입니다.

저도 창틀이나 거실 식물 잎에 앉은 먼지들을 닦으면서 이 많은 먼지가 모르는 사이에 입과 코를 통해 내 몸속으로 들어갔을 것을 생각하니 끔찍한 생각이 들어 미세먼지의 심각성을 더욱 피부로 느꼈답니다.

이처럼 직접 눈으로 보고 배운 대기 오염의 심각성은 쉽게 잊혀지지 않을 것이며, 책으로 배운 것보다 훨씬 적극적인 공기정화를 위해 깊게 고민하고 연구하게 될 것입니다.

식물에게서 직접 보고 배우는 것이 책 속의 지식보다 더 깊은 의미로 느껴지고 잔상이 오래 남습니다.

우리는 재래시장이나 화원에서 꽃이 예쁘다고 꽃가지를 끌어당기면서 사진을 찍는 사람, 꽃잎을 만지면서 향기를 맡는 사람들을 간혹 볼 수 있답니다.

만지지 말고 눈으로 보라는 안내문이 있지만 무시하고 예쁘다고 그냥 무심코 만지는 사람들은 이해하기 어렵습니다.

식물에게 감성적으로 배우기

여러 사람이 만질 경우 식물이 스트레스받을 수 있고 식물의 상품 가치를 떨어뜨릴 수도 있다는 것을 안다면 함부로 만지지 않을 겁니다.

식물처럼 사람도 본인의 의사와는 상관없이 함부로 만지면 스트레스를 받을 것입니다.

저도 베란다에 핀 브룬펠시아 재스민이 궁금해져서 관찰한답시고 살짝 꽃잎을 젖혔더니 상처가 났습니다. 좀 더 오래 피어있을 꽃잎이 그만 떨어진 적도 있었습니다.

가녀린 꽃잎이 짓물러지면서 하는 몸짓언어는 열 마디 말보다 더 많은 시사점을 우리에게 줍니다.

"싫습니다. 만지지 마세요."

꽃은 보는 것으로 만족해야 하는 것처럼 여자 사람만 아니라 남자 사람도 함부로 만지지 마시기 바랍니다. 여자 어린이뿐만 아니라 여자 사람 어른들도 참지 마시고 단호하게 "싫습니다. 만지지 마세요."라고 말할 줄 알아야 합니다. 남자 사람의 경우도 마찬가지입니다.

가녀린 꽃잎이 만지면 짓물러지는 것처럼 몸도 마음도 상처받기 전에 용기를 내 싫다고 말해야 합니다.

세월이 흐르는 물과 같다지만 요즘은 며칠 후 전역하게 될 아들 기다리느라 시간이 매우 더디게 흐르는 것 같습니다.

7월 17일 오늘은 여인초에게서 지나침은 모자람만 못하다는 과유불급을 심도 깊게 느낄 수 있었으며, 확실하게 인지했습니다.

크고 좋은 토기 화분에 양질의 흙을 넉넉히 넣어 분갈이해 주었더니 석 달째 기존의 잎들보다 두세 배는 커다란 여인초 잎들이 빠른 속도로 계속 돋아나고 있습니다.

첫째 여인초 우량아 잎은 너무 커 돌돌 말린 잎이 한 번에 펼쳐지지 못하고 두 번으로 나누어 펼쳐졌기에 잎줄기를 중심으로 반이 찢어져 펼쳐진 채 우뚝 솟아있어 주변 잎들과 부조화를 이루고 있었답니다.

두 번째 여인초 우량아 잎이 돋아났을 때는 첫째 우량 잎이랑 균형감 있는 조화를 이루게 될 것 같아 내심 반가웠답니다. 그러나 갓 돋아 난 줄기는 매우 가늘고 잎은 지나치게 크니 줄기가 잎의 무게를 지탱하지 못하고 힘겨워 하는 것 같아 바로 옆에 있는 튼튼한 잎 위에 우량 잎을 걸쳐주었지만 예감했던 대로 자라지 못하고 그만 줄기가 꺾여버렸답니다.

세 번째 우량아 잎은 첫째 둘째 우량 잎보다 훨씬 더 길게 돌돌 말려 있기에 마음의 준비를 하고 잎이 펼쳐지길 기다리고 있었습니다. 아니나 다를까 반만 풀려 펼쳐지기에 경험을 살려 이번엔 돌돌 말린 잎의 위 접착 부분을 도구를 이용해 강제로 떼어내 펼쳐주었습니다.

물론 잎도 두 군데나 찢어진 채 아직 완전히 잎이 펼쳐지지 않아 울퉁불퉁 쭈글쭈글 말려있는 상태입니다.

어제 오전에 아픈 손가락 같은 우량한 여인초 잎들의 찢어지고 꺾어진 부위에 피부과용 상처 치유밴드를 붙여주었더니 아래층 잎들과 위층 잎들이 제법 조화롭게 2단을 형성해 자연스럽고 멋진 모습 그 자체로 보여 뿌듯하고 대견했습니다.

그날 오후 치유밴드를 붙여 세워준 줄기가 다시 꺾여있어 할 수 없이 면도칼로 잘라주면서 자세히 살펴보았더니 꺾인 줄기 바로 밑에서 벌써 새잎이 2cm 정도 돋아나오고 있었습니다.

대부분의 줄기들은 새잎이 돋아난 후 줄기가 올라와 높이 자라면서 완전히 성숙한 잎과 줄기가 되어 진녹색으로 변할 때까지인 한두 달 뒤에나 그 줄기에서 새잎이 돋는데, 바로 자란 연두색 줄기에서 새로운 잎이 돋아나 있으니 마치 아이가 아기를 낳은 경우나 마찬가지이며 새잎을 내기 위해 연약한 자신의 줄기를 꺾을 수밖에 없었던 것으로 생각됩니다.

앞으로도 계속 이러면 안 되겠다 싶어 꺾인 줄기를 자르면서 여인초에게 호통을 쳤습니다. 책임도 지지 못할 거면서 왜 자꾸 돋아나냐구, 돋아날 거면 책임질 수 있는 만큼의 크기로 튼튼하게 태어나라고.

억지인 줄 알지만 새잎은 제대로 태어나길 바라는 마음을 담아 큰 소리로 말했습니다. 자른 여인초 잎 한 장을 꽃병에 꽂아 적당한 위치를 찾아 안치해 두고 다시 돌아가 잎을 어루만지며 너무 크지 않게 적당한 크기의 잎으로 태어나라고 부드러운 목소리로 위로의 말을 전했습니다.

새벽에 이 글을 쓰고 복도에 나갔더니 거짓말처럼 여인초 잎이 바르르 떨리며 반갑게 인사를 합니다. 여인초도 줄기가 꺾여 잘려나가는 고통을 경험하며 과유불급의 의미를 이해했으리라 생각합니다.

상처 치유밴드를 찢어진 잎에 붙여준 것은 일시적으로 효과적이라 판단되며 여인초가 잎이 찢어져 가면서 온몸으로 보여준 아픈 몸짓언어를 기억하면서, 저도 지나침은 모자람만 못하다는 깊은 속뜻을 명심하고 삶 속에 녹여내어 실천하며 살아야겠다는 생각을 합니다.

싹이 난 감자가
슬픈 눈으로
말합니다

지난해 겨울 새언니가 나누어 주신 강원도 감자 이야기입니다.

많이 주셔서 겨우내 검은 봉지에 싸두고 열심히 먹었던 감자에 노란 싹이 길게 나고 쭈글쭈글해져서 도저히 먹을 수 없게 되었답니다.

햇빛에 노출된 감자 속살이 녹색으로 변색되는 것을 방지하기 위해 검은 비닐봉지에 싸뒀더니 이번엔 움싹이 자라나 사이사이 감자 싹을 두 번 떼어버린 적이 있었거든요.

마른 고무장갑을 끼고 싹을 싹싹 문지르면 똑똑 떨어지면서 감자 싹 눈이 쉽게 제거됩니다. 일회용 장갑은 미끄러워 불편하며 환경오염의 주범이 되고 싶지 않고 물기가 있으면 혹시 감자가 썩을 수도 있겠다 싶어 오래 저장해 두고 먹을 생각으로 마른 고무장갑을 사용했던 것입니다.

　저는 감자를 정말 좋아합니다. 한 끼 식사로 밥과 찐 감자 중에 선택하라고 하면 주저 없이 감자를 먹습니다. 어릴 적부터 오래 저장해 두고 아무리 먹어도 질리지 않는 추억의 감자입니다.
　싹이 난 감자는 솔라닌이라는 독성이 있기 때문에 복통이나 구토 증상이 있다고는 하나 도려내고 먹으면 안전합니다. 백수를 넘기신 친정어머니께서도 감자를 좋아하시지만 감자 싹 때문에 고생하신 적은 단 한 번도 본 적이 없답니다.

　싹이 난다는 것은 그만큼 생명력이 왕성하다는 것을 증명해 주는 것이며 감자 속에 풍부한 영양이 들어있다는 것을 미루어 짐작할 수 있습니다.
　고구마나 바나나는 빈속에 먹으면 좋지 않다는데 삶은 감자는 빈속에 아무리 먹어도 속이 편해집니다. 생감자를 갈아 마시면 위궤양에 좋다는 말을 들은 적도 있었기에 몸에 좋을 것 같아 자주 쪄 먹습니다.

　지난겨울에도 감자 몇 개 깎아 찌면 구수하고 따끈따끈한 감자의 포실포실한 속살에 반해 반찬 없이도 즐거운 식사를 자주 즐기곤 했습니다.
　바빠서 시장을 보지 못했어도 감자만 있으면 든든합니다. 감자를 채쳐서 기름에 볶아 먹고 반달로 굵게 썰어 간장에 졸여서 먹거나 고춧가루와 들기름을 듬뿍 넣어 찜해 먹고, 감자를 넣어 끓인 황태 해장국도 일품이며, 감자 고추장·된장찌개, 카레, 감자짜장, 삶은 감자에 마요네즈와 찐 계란과 당근과 오이를 넣어 으깨 만든 감자 크로켓, 무엇보다도 감자를 갈아 만든 감자부침을 제일 좋아합니다.

이렇게 좋아하는 맛있는 수미 감자였는데 싹이나 버리긴 아깝기에, 싹이 난 쭈글쭈글한 못생겨진 감자를 한참이나 들여다보게 되었답니다.

싹이 나느라 양분을 빼앗겨 쭈글쭈글 해진 건가 궁금하기도 하고 한편으론 탄력 잃은 할머니 배 같아 심란하면서 측은한 생각이 들었답니다.

궁리 끝에 심어서 감자 꽃도 보고 감자도 키워보고 싶은 호기심이 발동했습니다.

감자는 알뿌리 식물이니 흙이 깊어야 할 것 같아 특대형 도자기 화분에 싹이 난 감자를 반으로 쪼개서 심거나 쭈글쭈글 탄력 잃은 감자는 통째로 심어 보았답니다.

감자가 썩을까 봐 가끔 물을 주며 싹이 올라오기를 기다렸더니, 드디어 새싹이 쏘옥 인사를 합니다.

어찌나 반갑던지…….

새싹이 무럭무럭 자라 보랏빛 흰색 감자 꽃이 피었습니다. 어렸을 적 보았던 너무나 정겨운 보랏빛 추억 속의 꽃을 베란다에서 만나던 날 소꿉친구에게 전화를 걸어 감자 꽃 이야기로 이야기꽃을 피웠었답니다.

감자 꽃이 지고 시간이 흘러 초여름 점심으로 햇감자 찌려고 큰 양푼을 가지고 나가 감자를 파 보았더니 글쎄 길가에 구워 파는 맛있고 구수한 약밤보다 조금 큰 감자 다섯 알이 나왔습니다.

초등학교 3학년 식목일에 아버지와 텃밭에 심었던 잣나무에 잣이 열려 첫 수확하던 날, 작은 잣나무에 딱 한 송이 열린 것을 따려고 동생과 어머니 우리 셋이서 제 키보다 큰 자루를 받쳐 들고 큰소리로 풍년을 기원하며 크게 웃었던 추억을 떠올리며 큰 양푼을 들고 혼자 웃었습니다.

"어찌 이런 일이……." 검은 비닐봉지 속에서 웃자라 누렇게 뜬 슬픈 감자 싹눈보다 제 눈이 더 슬퍼지는 것 같습니다.

고층아파트 베란다 농사로 풍성한 수확의 기쁨은 맛보지 못했지만 메추리알 크기의 감자알을 쪄서 맛볼 수 있었고 그리웠던 어릴 적 추억의 감자 꽃을 곁에서 맨발로 실컷 볼 수 있었던 것에 만족하기로 했습니다.

감자 꽃이 시든 후 기다렸다가 늦여름 감자 심었던 화분에 국화를 심으려고 땅을 깊게 팠더니 흙 속에 먹을 수도 없는 새알 같은 감자들이 주렁주렁 달려 나오고, 흙을 뒤적이니 또 여기저기에서 감자가 계속 나왔습니다.

감자섶이 마른 후에도 좀 더 기다린 후 캤더라면 굵은 알 감자

식물에게 감성적으로 배우기

가 풍년이었을지도 모른다는 생각에 뒤늦은 후회를 했지만 수확의 기쁨을 맛보기 위해선 잘 기다릴 줄도 알아야 한다는 기다림의 미학과 기다림의 소중함을 배우는 값진 경험이었습니다.

흙을 파고 파도 계속 꼬맹이 감자가 나오고 바닥에 흙이 떨어져 베란다도 지저분해져서 귀찮은 마음에 대충 마무리해 버리고 갓 봉오리가 피기 시작한 국화를 옮겨 심었답니다.
여기서 작은 감자알들을 모두 꺼내고 심었어야 했나 봅니다. 다른 화분에 심은 국화꽃은 활짝 피었는데 아무리 기다려도 꽃이 피지 않는 겁니다.
감자가 썩을 때 고약한 냄새가 나던 것이 생각나고 혹시 땅속에서 콩알만 한 감자들이 썩고 있어 국화 뿌리도 썩고 있는 건 아닌지, 아님 '국화도 스트레스를 받는가 보다.' 하는 후회가 들어 다른 화분에 옮겨 심어주고 땅속을 헤쳐 콩알 같은 감자를 찾아버렸으며 다행히 썩은 감자는 없었습니다.

싹이 난 감자가 슬픈 눈으로 말하는 듯합니다.
"저를 버리지 마세요. 대신 정겨운 감자 꽃을 선물할게요."
"저를 심어주세요. 추억도 만들어 드립니다."

시들고 싹이 난 감자를 버리지 않고 감자 꽃으로 추억을 되살리듯 양파 싹, 고구마 싹, 무 싹, 당근 싹도 버리지 않고 싹이 난 부분만 잘라 수경재배를 한다면 관상용, 가습역할, 관찰용으로도 훌륭한 역할을 할 수 있답니다.

또한 밭에서 왕성하게 자라는 감자 싹처럼, 주렁주렁 열매 맺는 감자처럼 우리 아이들의 감성도 왕성하게 싹이 트고 자라서 감성 폭발 감성문화가 지금처럼 지속적으로 세계의 중심에 서서 감동을 주고 사랑받았으면 좋겠습니다.

검은 봉지에 들어있던 쭈글쭈글한 감자가 어두운 땅속에서 더욱 왕성하게 싹을 틔워 줄기가 자라 꽃을 피우고 열매 맺었듯이 지금의 삶이 힘들고 고되더라도 우리 청소년들도 참고 견뎌 내어 반드시 행복의 싹을 틔워 튼실한 열매를 맺을 것이라고 믿습니다.

작은 감자알이 굵은 감자로 풍년의 결실을 맺을 때까지 기다려야 하는 것처럼 우리 아이들을 사랑으로 꾸준히 믿고 기다려 주는 것은 우리 어른들의 몫이라는 생각이 듭니다.

올여름엔 온 가족이 모여 앉아 감자 서너 말 깎아서 별미 중의 별미 '감자 시루떡'을 만들어 쫄깃쫄깃한 정을 시루떡처럼 켜켜이 쌓아야겠습니다.

며칠 전 강원도지사의 인터뷰에서 햇감자가 출하되면 저장창고에 있는 감자를 버리는 데도 돈이 든다고 하니 감자를 가장 많이 먹을 수 있는 방법을 생각해 본 것입니다.

애타는 농민들의 마음을 생각하니 검은 비닐봉지 속에서 웃자란 노란 슬픈 감자 싹눈보다 제 마음이 더 안타까웠기에 감자 소비량을 늘리기 위한 방법으로, 썩은 감자를 푹 썩혀 우려내 만든 마른 감자가루와는 전혀 다른 맛의 생감자를 갈아 만든 쫀득쫀득

식물에게 감성적으로 배우기

한 생감자 송편과 생감자 시루떡을 생각했답니다.

'생감자 시루떡'은 많은 감자를 깎아야 하고 갈아서 꼭 짠 다음 삶은 팥을 켜켜이 넣어 시루에 쪄야 하는 수고로움과 정성이 많이 들어가는 정말 맛있는 추억의 음식이랍니다.

개인이 만들어서 먹기 어려운 귀한 음식인 만큼 강원도에서 지원하는 사업으로 '생감자 시루떡'과 함께 '생감자 송편'을 만들어 학교급식, 군부대 납품, 홈쇼핑, 온라인 판매 등 판매로를 개척한다면 농민들에게 감자 꽃처럼 예쁜 웃음을 선사할 수 있을 것이며, 일자리 창출 등의 효과를 감자처럼 주렁주렁 기대해도 좋을 것 같습니다.

아직도 싹이 난 감자가 슬픈 눈으로 말하는 듯합니다.

"저를 버리지 마세요. 대신 맛있는 생감자 시루떡을 선물할게요."

"저를 싹이 날 때까지 방치하지 마시고 빨리 드셔주세요."

"감자옹심이도 맛있답니다."

"저는 농부들의 땀이랍니다. 착한 소비 부탁드려요." 미루지 말고 더 늦기 전에 말입니다.

저도 더 늦기 전에 올여름엔 부모님 모시고 온 가족이 모여 앉아 별미 중의 별미 '생감자 시루떡'을 꼭 만들어 먹어봐야겠습니다.

아직도 감자를 갈아주던 그 방앗간이 남아있는지 궁금합니다.

더불어 '햇감자 옹심이'를 만들어 쫄깃쫄깃한 추억을 찰떡처럼 동글동글 쫀득쫀득 늘려야겠습니다.

여러분께서도 가족이나 친구 또는 애인, 지인들과 함께 감자로 만든 한 끼 요리의 구수한 추억을 만들어 보시길 권합니다.

쫄깃쫄깃 포실포실한 정다운 감자의 추억은 초강력 에너지로 저장되어 훗날 어느 우울한 날에 우리들의 아름다운 자양분으로 쓰일 겁니다.

예상보다 길어진 코로나-19와의 전쟁으로 인해 출판을 미루다 후기를 남깁니다. 벌써 7월 18일 석 달 반이나 지나 햇감자가 나온 지도 한참 되었으나 감자 시루떡은 엄두도 못 내고 있답니다.

감사하게도 오빠가 햇감자와 햇보리 쌀을 택배로 보내주신 날부터 연이어 네 끼를 찐 감자로 먹고 오늘 아침도 또 먹었지만 여전히 참 맛있습니다. 덕분에 다이어트는 덤이고 몸이 가벼워지는 느낌입니다.

감자는 뚜껑을 열자마자 한 김 나간 후 호호 불어가며 뜨거울 때 먹어야 제대로 된 맛을 느낄 수 있습니다.

두 아들 군 입대하고 혼자 식탁에 앉아 김이 모락모락 피어오르는 감자에 젓가락을 꽂으면서 울컥 뜨거워지는 마음에 뭉클한 남매의 정이 모락모락 피어나 스마트폰 앨범에 저장됩니다.

오빠의 카**톡 답장엔 큰 웃음이 담겨있습니다.

구수한 감자에 코를 들이대면서 여고 시절 RCY 캠프에서 친구 후배들, 체육 · 일본어 선생님과 함께 한 여름밤에 먹었던 구수한 감자 향의 추억을 떠올립니다. 찐 감자 한 알에 추억 다섯 스푼 올려 먹곤 합니다.

내일 아침 애호박 송송 썰어 감자부침 먹을 생각하니 벌써 입안에 침이 고입니다.

　내년 여름엔 우리 육 남매 모두 93세 어머니 모시고 둘러앉아 감자 깎으며 시끌벅적 좋은 추억, 아름다운 추억 만들 수 있길 소망합니다.

　이젠 싹이 난 슬픈 눈의 감자가 올겨울엔 웃고 있을 것만 같습니다.

식물의 몸짓언어 여섯

미니석류의 사춘기 반항

새 아파트로 이사 온 봄날 새로운 곳에서의 빠른 적응을 위해 걸어서 주변을 둘러보며 은행 시장을 갔었습니다. 근처 화원에서 마음에 꼭 드는 연두색 화분에 꽃봉오리가 맺혀있는 미니석류를 발견하고는 주저 없이 친구가 되었답니다.

꽤나 무거웠지만 꽃봉오리가 떨어질까 잎이 다칠세라 먼 길을 어떻게 걸어 왔는지 모를 정도로 행복했었습니다.

이렇게 거실 양지바른 곳에 앉은 미니석류 나무는 계절을 다섯 번이나 바꾸며 꽃이 피고 열매 맺기를 반복하면서 제게 많은 기쁨과 즐거움을 주었답니다.

꽃과 사진을 찍어 SNS에 올리면 인기도 짱인 친구였습니다.

세월이 흘러 미니석류 나무가 자기 마음대로 자라니 첫 만남의 앙증스러움이 없어지고 들쭉날쭉한 나뭇가지에 달린 잎이 자꾸 마르고 거실 바닥에 우수수 떨어져 자주 청소기를 돌려야 했습니다. 손으로 줍기엔 나뭇잎이 너무 작았기 때문에 쉽게 주울 수도 없었습니다.

　매번 미니석류 나무 옆에 있는 특대화분을 일일이 밀면서 청소기를 돌릴 수도 없고 해서 할 수 없이 지난겨울 처음으로 베란다에 내놓았습니다. 다른 화분들은 거실로 들어왔는데 짠한 마음으로 말입니다.

　그런데 작년 12월 엄동설한에 베란다의 미니석류가 혼자서 꽃이 피어 열매를 맺고 있었습니다. 작년에 두 아들 모두 군대 보내고 면회, 세미나 참석 등으로 동분서주하다 꽃이 피는 줄도 몰랐습니다.

　뉴스에선 올겨울이 유난히 따뜻하다고 했지만 겨울은 겨울인가 봅니다. 오동통하니 깜찍한 열매가 맺힌 걸 보니 그동안 괄시한 것만 같아 몹시 미안한 마음에 얼른 거실로 모셔왔습니다.

　미니석류 나무가 단단히 화가 났나 봅니다. 서너 송이 피었던 꽃들도 시들고 한 개 맺힌 석류 열매도 뚝 떨어져 버렸습니다. 베란다에 그냥 둘 걸 그랬는지 후회도 했지만 아직도 무엇이 옳았는지는 잘 모르겠습니다.

　미니석류의 사춘기 반항쯤으로 생각하기로 했지만 아직도 생각나고 마음이 아프답니다. 마치 뒤늦은 사춘기를 보내며 아파하던, 추운 겨울 군대 간 우리 아들을 보는 것 같은 짠한 마음에 도저히 추운 베란다에 그대로 둘 수가 없었습니다.

1월에 부랴부랴 크고 멋진 친환경 화분을 사서 정성껏 분갈이를 해주었답니다. 아이보리색 화분에 귀여운 초록 잎 사이사이 풍성한 주홍 드레스가 돋보이면서 서로 조화를 이루니, 이제야 제 몸에 맞는 옷을 입힌 것 같아 뿌듯했습니다.

여인초 화분을 다른 곳으로 보내고 미니석류 나무가 예전에 앉았던 거실 창가 양지바른 곳에 서서 한 달 정도 자라더니, 다시 여러 겹의 멋진 주홍 드레스를 입은 다섯 숙녀가 서로 활짝 웃고 있는 모습은 바라보기만 해도 흐뭇하고 행복했습니다.

3월이 되어 일조량이 길어지니 하늘을 향한 가녀린 가지에 꽃봉오리가 여기저기 맺히고 피었기에 대견하기도 하고 반가운 마음에 2m 정도 옆으로 햇빛이 잘 들고 환기 잘 되는 곳, 거실의 열 수 있는 창문 앞으로 살짝 옮겨주었습니다.

가만히 놔둘 걸…….

그만 우수수 꽃봉오리들이 떨어지네요.

아직도 사춘기 반항인가, 그냥 놔둘 걸…….

후회해도 이미 소용없는 일이지만…….

그러나 말라 죽은 줄만 알았던 미니석류 끝부분의 0.2mm 샤프심 같은 가느다란 나뭇가지에서 새잎이 돋아나는 모습은 생명의 신비 그 자체랍니다. 지저분해 보여 꺾어버릴까도 생각한 적이 있었습니다. 그냥 놔두길 잘한 것 같습니다. 신기해서 보고 또 보았습니다.

오늘은 4월 2일, 창밖 아파트 정원엔 벚꽃이 흐드러지게 피어 유혹하지만, 가녀린 하나의 가지 끝에 무려 세 송이씩이나 한꺼번에 매달린 미니석류 초록 꽃봉오리가 더 매력적으로 눈길을 사로잡습니다.

이젠 화분을 옮기지 않고 튼튼히 잘 자랄 수 있도록 지켜만 볼 겁니다.

미니석류 화분이 꽃잎들을 떨구며 온몸으로 표현하는 속삭임을 이제야 알아차림 합니다. 아니 속삭임이 아니라 외침이었습니다.

"전 이사 다니기 싫어요. 제가 살던 곳에서 오래오래 살고 싶어요."

사람이나 식물이나 새로운 환경에 적응하기 힘든 건 마찬가지란 걸, 그동안 잘 적응해 줘서 고맙다는 생각만 했지 두 아들이 중요한 시기에 전학 와서 힘들었을 거라는 것도 머리로만 이해했었고, 진심으로 안타깝게 마음으로 와닿는 것은 미니석류 나무를 키워보면서 새삼 깊이 깨닫게 됩니다.

미니석류 나무가 꽃도 떨구고 열매도 떨구며 이유 있는 반항을 하듯, 어쩌면 우리 아이들 마음속에도 어떤 아우성을 치며 참고 있을지도 모르니 관심과 사랑으로 살펴보고 어루만져 주어야겠다는 생각도 듭니다.

이렇게 실패하면서 아파하면서 미니석류 나무의 성장통이자 사춘기 반항을 온몸으로 표현하는 것을 지켜보면서, 자식 키우는 시사점도 찾고 스스로 터득하고 알아가는 것도 소중한 경험이라 생각합니다.

자식도 키우는 것이 아니라 미니석류 나무처럼 어쩌면 스스로 자라는 것일 수도 있겠다는 생각이 문득 듭니다. 이제부턴 사랑으로 지켜봐 주기만 해야겠다는 생각을 합니다.

제가 미니석류 나무를 위해 여기저기 옮겨 귀찮게 했듯이, 두 아들을 위하는 마음을 앞세워 귀찮게 하거나 하고 싶은 일을 막은 적은 없는지 반성도 해보고, 코로나-19 끝나면 휴가 나올 두 아들과의 심도 있는 대화가 기다려집니다.

극락조의 몸짓언어는
신비로운 모성애

극락조 꽃이 피었습니다.
4~5년은 키워야 꽃을 볼 수 있다는
극락조 개화를 지켜보면서
자연의 신비로움 앞에
감탄사가 저절로 튀어나왔습니다.

8월 꽃대부터 11월까지 길고 긴 탄생의 신비.
사람처럼 식물도 지혜롭다는 것을
극락조화를 통해 처음으로 터득했답니다.
뿌리 살을 찢고 나오듯
꽃피는 전조 증상이 기이할 정도로 특별합니다.

꽃이 필 무렵 초록 꽃봉오리의 마법 같은 변색 변신
생살을 찢은 듯이 몸이 길게 갈라지고
한 마리 두 마리 극락조가 피어 앉기 시작하면
꼿꼿하던 꽃대가 휘어지며 가로로 눕는 꽃받침은 안락한 새 둥지로 변신.
일고여덟 마리를 지탱할 수 있는 안정감에 와!

붉은 진땀을 뻘뻘 흘리며
마치 콜라겐인 척 자신의 몸을 꺾어
극락조들을 밀어내 태우는 장관은
난생처음 식물에게서 보는
마치 산통의 모성애를 보는 듯 경이로운 광경입니다.

암술과 수술의 조화는 마치 일곱 마리 새가 날아와 앉은 듯한 기쁨입니다.
마지막 여덟 번째 새는 날개만 보이고 오묘한 짙은 청보라 빛 회색 머리는 아직도 엄마 뱃속에서 꿈을 꾸나 봅니다.
애타게 기다려도 끝내 부리를 내보이지 않습니다.

좋은 씨앗 물고 내년에 오시려는가 봅니다.
올해는 극락조 가꾸며 미소 짓고 행복했으니
내년 봄엔 큰 화분으로 이사가 분갈이 단장시켜 줄 것입니다.
고고하고 기품 있는 모습이 더욱 돋보이도록 말입니다.

여름날 망설였던 다알리아도 이젠 거실에서 키울 자신감이 듭니다.

꽃피면 꼭 보여 달라던 모란시장 천막화원 젊은 부부와 한 약속 지키기 위해 수시로 셔터를 누릅니다.
예쁘게 잘 자란 멋진 극락조화 보며 활짝 웃을 모습도 기대됩니다.
잘 키우라고 하신 당부 말씀도 지켰다고, 감사하다고 전하고 싶습니다.
삐딱한 불량했던 기억에서 올곧게 자란 모습 보면 대견해하실 겁니다.

공기정화 목적으로 키운 극락조의
색다른 매력에 푹 빠져
오늘도 정성껏 물을 줍니다.
앞태 뒤태 맵시 재며 오늘도 해를 향해 화분을 돌립니다.
내년 여름엔 어떤 새들을 만나게 될지 기대하면서.

극락조 개화를 지켜보면서
길고 긴 기다림도 설렘이 될 수 있다는 것을
꽃대가 휘어져 꽃받침 되듯 불가능 같지만 가능하단 것도
햇살 햇살을 모아 새 생명이 피고 일어선다는 것도
두 눈으로 확인했으니 이젠 망설임 없이 믿습니다.

여덟 마리 반 새가 날개를 활짝 펴고 군락을 이뤄
공작새 활짝 펴진 깃처럼 핀 극락조 꽃을 보면서
성장의 깊이를 배웁니다.
생명의 신비함을 새삼 깨닫습니다.
좋은 일이 일어날 것만 같은 기대감에 부풀어 오릅니다.

매 순간의 햇빛을 모아 모아서 극락조 꽃이 피는 것처럼
삶 순간순간의 지배가 인생을 지배하는 거라고 극락조가 속삭입니다.
극락조 꽃대가 직각으로 휘어져 꽃받침이 되는 것처럼
불가능할 것만 같은 일도 간절하면 이루어질 수 있으니
끝까지 힘을 내라고 몸짓으로 응원해 줍니다.

굵고 억센 극락조 꽃대가 부러지지 않고
피 흘리는 고통을 참으며
일곱 마리 노란 극락조를 받들어 키우듯이
정성껏 아들, 딸 키우면 고생 끝에 즐거움이 온다고
고진감래, 고진감래 외치는 몸짓언어가 들리는 듯합니다.

극락조 몸짓언어의 극치는 신비로운 모성애입니다.
사진으로도 부족하며 실제로 봐야 더욱 실감납니다.
여러분들도 극락조가 꽃을 피우기 직전
꽃대의 휘어지는 모습을 직접 보실 수 있는
행운을 찾으시기 바랍니다.

저를 가만히
내버려 두세요

이사 오던 날 거실과 부엌 중간 사이 가장 잘 보이는 벽에, 분양받은 새집에 못 박는 안타까움을 감수하고 도자기로 된 멋진 벽걸이 화분을 걸었답니다.

이 화분은 절친 박 선생님께서 교원대학교 대학원 다니실 때 격려 위로 방문차 청주 갔을 때 사주신, 둘이 함께 고민하며 골랐던 행복한 추억이 있기에 아끼던 물건이었으며, 드디어 적재적소 안성맞춤인 곳을 찾은 것 같아 바라보기만 해도 흐뭇했습니다.

무엇을 기를까 고민하다 작은 화분의 흙에서 기르던 싱고니움을 수경재배하게 되었답니다. 흙을 약간 묻힌 채 뿌리를 물에 넣어주고 잎이 자랄 경우 무게감이 있어야 될 것 같아 작은 돌을 넣어 지탱해 주었습니다.

영양제를 주어서인지 바닥에서보다 더 잘 자라 뿌리가 내리고 잎이 무성하니 집안 분위기가 훨씬 밝아진 느낌이었습니다.

그런데 화분 벽 중앙에서 자라야 할 식물이 자꾸만 왼쪽으로 치우쳐 자라는 겁니다. 그것도 멋있긴 하지만 더 풍성하게 자랐을 때를 대비해 가운데로 옮겨주었으나 다시 왼쪽으로 잎 전체가 쏠리는 겁니다.

태양이 왼쪽에 머무는 시간이 길어서인가 봅니다.

싱고니움이 왼쪽으로 쏠리면 다시 제자리로 옮겨놓길 여러 차례 반복했더니 무성하던 잎이 더 이상 자라지 않고 잎이 그만 비실비실 생기를 잃어가면서 반항을 합니다.

"저를 간섭하지 말고 그냥 내버려 두세요."

"저는 몹시 태양을 사랑해요."

싱고니움이 온몸으로 저에게 화를 내는 것 같았어요.

작은 식물이 말라 죽을 것 같아 할 수 없이 포기하고 그냥 바라만 보았더니 다시 잎이 무성해졌답니다.

멋지게 잘 자란 감사한 결과는 싱고니움의 의미 있는 항변이라 생각합니다.

무성한 잎들이 햇빛을 향해 기울어진 모습이 어찌나 사랑스럽던지 정성껏 기념사진으로 남겨주었습니다.

이렇게 식물은 좋은 추억을 만들어 주고 좋은 추억을 기억하게 해주기도 합니다.

싱고니움처럼 처음부터 싱고니움이 자라기에 적합하고 주변과 잘 어울릴 수 있는 좋은 환경을 찾아 주어 스스로 알아서 잘 자랄 수 있도록 기다림이라는 시간적 여유를 제공한다면 잎이 무성하고 싱싱하게 잘 자란다는 지혜를 배웠답니다.

싱고니움을 기르면서 배운 지혜를 아들에게 적용하면서 간섭하지 않고 지켜보았더니 스스로 알아서 잘 적응하며 아들이 원하는 대학에 수석 합격하는 기쁨을 선물 받았답니다.

저를 가만히 내버려 두세요. 싱고니움의 의미 있는 항변이었답니다.

어설픈 간섭보다는 마음 편하게 가만히 두는 편이 훨씬 효과적이라는 것을 싱고니움을 보며 배웁니다.

저와 함께하면
머리가 맑아져요

저는 집안 실내 공기를 정화 시킬 목적으로 식물을 기르기 시작했습니다. 현재 키우고 있는 스파트필름 화분이 네 개, 스킨답서스 화분이 다섯 개, 가지마루 화분이 여섯 개입니다. 모두 분갈이할 때 포기를 나누거나 줄기를 잘라 심기도 하고 수경재배한 것들입니다.

그 밖에 가지마루, 금전수, 부룬펠시아 재스민, 오렌지 재스민, 보세난초, 고무나무, 몬스테라, 여인초, 극락조, 미니석류 나무, 싱고니움, 산세베리아, 채송화, 이름이 생각나지 않는 식물과 베고니아, 꽃에서 헤이즐럿커피 향이 나는 난초, 칼라 벤자민 등을 기르고 있으며, 몇 그루를 제외하고는 모두 공기정화 식물이며,

식물에게 감성적으로 배우기

부끄럽지만 기르다 실패한 식물도 몇 종류 됩니다.

덕분에 공기정화기나 가습기를 멀리하게 되었으며, 먼지가 쌓인 식물들 잎을 자주 닦아주려고 노력하고 있답니다.

그냥 무심히 바라볼 때는 모든 잎은 뿌리에서 나온다는 선입견이 있었는데 관심을 갖고 들여다보니 그동안 제가 식물에 대한 무지함이 크다는 것도 자각하고 반성하게 되었습니다.

스파트필름, 몬스테라, 여인초, 극락조 등 잎이 크고 넓으면서 줄기가 긴 식물들의 공통점은 뿌리에서 새잎이 돋는 것이 아니라 잎의 줄기의 옆면을 뚫고 돌돌 말린 송곳처럼 뾰족한 모습으로 나오는 공통점이 있다는 것을 알게 되었습니다.

그래서 다른 식물들은 어떨까 궁금해지기 시작해, 잎 면적이 넓은 집안 식물들을 두루 돌아본 결과 스킨답서스나 잎이 비교적 두꺼운 고무나무도 잎이 돌돌 말린 채 새잎이 돋아나는 것을 볼 수 있었답니다.

위를 종합해 본 결과 우리가 일반적으로 생각하는 잎의 크기보다는 잎의 줄기와 비교한 잎의 면적에서 생각해 볼 때 잎이 비교적 넓은 식물들이 송곳처럼 뾰족하게 잎을 돌돌 말고 나온다는 공통점을 유추할 수 있었습니다.

여기서 상당히 재미있는 생각을 해볼 수 있습니다.

'공기정화 식물은 비교적 잎이 넓은 편이다.'

'비교적 잎이 넓은 식물은 공기정화에 좋다.'

어느 것이 맞는 말일까요? 저와 인연을 맺은 공기정화 식물들만 종합해서 분석해 본 결과 공기정화 식물 중에는 비교적 잎이 넓은 식물들이 많다는 것을 알게 되었습니다.

아주 평범하지만 이러한 단순한 새로운 사실은 식물을 키워본 경험으로 알아낸 새로운 지식이 된답니다. 이러한 지식들이 쌓이고 쌓여 보편적이고 일반적인 지식이 될 때 힘이 실리게 됩니다.

이렇게 식물 키우기는 앎에 대해 목마른 갈증을 해소하는 확실한 지식을 도출하는데 가장 쉬운 방법인 것 같습니다.

식물을 키우면서 또는 관찰하면서 눈에 보이는 것들을 생각해 보고 글로 써 보면서 같은 점과 다른 점, 차이점, 특별한 점, 이상한 점, 일반화시킬 수 있는 점, 느낀 점 또는 순간을 포착한 점 등을 반복적으로 경험하는 과정에서 식물의 몸짓언어를 이해하게 됩니다.

예를 들자면 잎이 큰 식물들의 몸짓언어는 작은 잎 식물들보다 알아차리기 쉽습니다.

식물들이 남들이 안 보는 사이에 살짝 잎이 돋거나 꽃이 피어 있는데 워낙 잎이 큰 식물들은 눈에 잘 띄기 때문인지 관심이 많아서인지는 잘 모르겠으나 어떤 순간을 포착할 수 있었답니다.

몬스테라의 커다란 잎이 바르르 떨린다든지, 여인초의 길고 큰 새싹 잎이 마치 팽이처럼 빠른 속도로 순식간에 빙그르르 돌면서 새잎이 펼쳐지는 순간을 목격할 때면 식물을 기르면서 느낄 수 있는 최고조의 환희를 경험할 수 있습니다.

말로는 어떻게 다 표현할 수 없는 경이로운 기쁨이 오래가며 계속 식물을 주시하게 되는 상태에 이릅니다.

식물에게 감성적으로 배우기

처음엔 우연의 일치이겠거니 했는데 식물이 제 말에 반응하는 듯한 결과가 반복되면서 자꾸 잎을 바라보게 되고 관심을 쏟게 되니 자신도 모르는 사이에 걱정하던 것도 잠시 잊고, 걱정보다는 좋은 생각, 희망적인 생각을 하는 저를 발견할 수 있었습니다.

녹색의 푸르고 푸른 크고 넓은 싱싱한 잎들을 한참 바라보고 있노라면 마음이 차분해지고 잡념이 없어지면서 머리가 맑아지는 느낌이 듭니다.

잎이 넓은 식물들에게 마음을 주면 마음이 넓어지는 것 같고 둥글둥글 커다란 잎을 닮아 모가 난 마음도 둥글둥글 커지는 듯합니다.

이처럼 잎이 넓은 식물들과 함께하면 마음을 넓게 쓰게 되고, 마음을 넓게 쓰면 근심도 동글동글 굴러 달아나고 뒤죽박죽이던 머릿속이 정리되면서 노안으로 침침하던 눈도 맑아집니다.

잎이 큰 식물은 광합성작용도 활발하므로 물도 자주 주게 됩니다. 물로 줄기의 흙먼지를 닦아주면서 마음도 함께 씻습니다. 물이 흙 속에 스며들 때면 꾸물거리던 작은 걱정거리들도 가라앉습니다.

선명한 물관으로 쭉쭉 빨아올린 영롱한 물방울들이 이슬 되어 커다란 잎 여기저기 매달려 있는 모습을 아침에 발견할 때면 마음은 물론 영혼까지 촉촉해지고 맑아지는 느낌입니다.

"잎 넓은 저와 함께하면 머리가 맑아져요." 자꾸만 식물들이 친구 하자고 속삭입니다.

저랑 친해지면
우울증이 사라져요

살다 보면 삶이 뜻대로 되지 않고, 친하다고 생각했던 동창에게 배신을 당하고, 누군가 잘 되면 중상모략을 하며 배 아파하고, 예상치 못한 일들이 여기저기서 터지고, 배려하는 차원에서 말 안하고 있으면 본질과는 전혀 다른 억울한 누명을 쓰게 되는 등 이런 나쁜 일들은 대부분 지진해일처럼 한꺼번에 몰려와 건강한 사람들도 쓰러지게 만듭니다.

천천히 하나하나 해결할 수 있는 문제들도 한꺼번에 닥치면 무력감과 상실감에 빠져버려 문제 속에서 허우적거리게 될 뿐 헤쳐 나오려는 의욕도 없어지게 됩니다.

물론 누구나 처음엔 문제해결을 위해 노력하겠지만 누군가에게 말해 봐야 별다른 도움도 되지 못하고 시끄럽게 문제가 확산

될 뿐이며, 잘못된 상황인 줄 뻔히 알면서도 집단이기주의로 뭉쳐 문제를 무마하고 덮으려는 사람들에게 실망감만 더해지게 됩니다.

시간이 해결해 줄 것으로 믿고 기다려 보지만 생각보다 문제해결은 긴 시간이 필요하며, 기다리다 지쳐 우울증이 생기거나 문제해결은 되더라도 마음의 상처는 오래갑니다.

이렇게 사람에게 받은 상처는 사람에게서 치유될 수 있으면 정말 좋겠지만 좋은 사람을 만나 마음의 상처가 치유될 정도로 운좋은 사람은 그리 많지 않을 것으로 추정됩니다.

정신과 치료를 받으며 신경 안정제를 먹으면서 적극적인 노력으로 치료하는 유명인 가운데도 중간에 그만 목숨 줄을 놓는 경우도 간혹 볼 수 있는 것처럼 사람이 위안이 될 수 있고 사람에게 위로받을 수는 있겠지만 완치는 쉽지 않으며, 누군가의 헌신적인 사랑과 함께 정말 스스로 많은 노력이 필요하다고 봅니다.

결론부터 말씀드리자면 마음의 우울증을 밀어내는 데는 식물을 기르면서 마음을 주고 규칙적인 운동으로 흠뻑 땀을 내주고 난 후 온수로 입욕을 자주 즐기고 가끔 친한 지인들과 만나 차를 마시며 수다를 떨거나 좋아하는 음식을 실컷 배부르게 먹으면서 포만감이나 서로 밀접하게 연결되어 있는 공통된 느낌인 유대감을 느끼는 여유로운 시간을 갖도록 노력해야 합니다. 즉 식물, 운동, 물, 좋아하는 음식, 유대감은 우울증 밀어내기에 특효약입니다.

하지만 마음이 아프면 말수가 적어지고 몸도 움직이기 싫어지며 눕고만 싶어지니, 꼼짝하기 싫은데 어떻게 운동을 할 수 있겠습니까.

그래서 제일 먼저 식물 가꾸기를 적극 추천하는 것입니다. 마지막 잎새에서 누군가 그려 놓은 잎을 바라보며 삶에 의욕이 생긴 것처럼 말입니다.

식물에 관심이 없는 사람이라도 선물을 받은 화분에는 관심을 두게 되어 있답니다. 처음엔 밀어내고 방치하더라도 잎이 시들어 있거나 말라있으면 미안해서라도 물을 주게 됩니다. 물을 주고 나면 생기가 돌아왔는지의 여부가 궁금해지는 것이 자연스러운 심리일 테고, 그러다 보면 식물이 크고 잎이 돋아나는 모습도 보게 되면서 시간의 흐름이나 식물이 잘 자라길 기다리는 바람을 갖게 됩니다.

이렇게 식물을 가꾸면서 어느 날 콧노래를 흥얼거리게 되는 자신을 발견하게 되고 나중엔 큰소리로 노래를 따라 부르게 됩니다.

식물을 기름과 동시에 자신이 살아가야 할 삶의 이유나 목적 등을 명확히 규명해 인지하는 습관도 꼭 필요한 중요한 과정입니다.

식물에게 집중해 식물과 대화를 하다 보면 자신에게 묻고 답하면서 때로는 욕도 하면서 자신과의 대화 속에서 자신을 정면으로 바라보게 되며, 이렇게 결코 쉽지 않은 시간을 보내고 나면, 서서히 자신을 사랑하게 됩니다.

식물을 기르다 행여 실패하더라도 크게 피해를 보는 일은 적을 테니 먼저 식물부터 키우면서 이 책을 읽어 나가셨으면 좋겠습니다.

식물에게 감성적으로 배우기

지금 거실엔 순백의 스파트필름 꽃 여섯 송이와 진한 주홍빛 미니석류꽃이 여러 송이 피어있고 베란다엔 셀 수 없을 만큼 수많은 부룬펠시아 재스민 꽃들이 향기를 뿜고 있으니, 이만하면 향기 부자요 세상에 남부러울 것이 없는 마음 부자가 아니겠는지요.

식물과 오랜 시간 벗하다 얻은 선물이요. 내 노력과 땀으로 얻은 결실이니 꽃잎 한 장도 귀하게 여겨지고, 어쩌다 코끝을 스치는 꽃향기에도 감격할 정도로 작은 것에도 감사할 줄 알게 되며, 자신까지 소중한 존재라는 생각까지 이르게 되면 행복한 마음이 들 겁니다.

식물과 친해져 보세요.
식물의 몸짓언어에 귀 기울여 보세요.
그리고 자신의 내면의 소리를 들어보셔요.
기적처럼 우울감이 사라집니다.
새싹이 돋듯이 희망이 싹틉니다.
새싹이 돋듯이 행복이 싹틉니다.

누군가가 이 글을 읽고 식물을 키우면서 사람의 생각이나 사고 과정의 변화가 '이런 경우도 있겠구나!' 하는 알아차림이 있었으면 하는 마음으로 써내려갑니다.

식물이 모두 모여 입을 모아 합창을 합니다.
"저랑 친해지면 우울증이 사라져요."

오늘은 몬스테라 화분 아래 떨어진 이슬이 말라버린 흔적을 물걸레로 지우면서 마룻바닥을 보며 웃습니다.

식물에게 감성적으로 배우기

화원이 아닌
더 넓은 세상
모란시장

　교실과 강의실에서 학생들만 가르치다 평생 처음 큰맘 먹고 제 자신에게 휴식년을 선물하기로 했습니다.

　말이 휴식년이지 건강관리도 하면서 예술 고등학교까지 전철과 버스를 세 번 갈아타고 통학하는 대입 수험생 아들 밥이라도 때맞춰 챙기고 싶어서였으니, 교통정체 시간을 피한 통학시간 단축을 위해 새벽 네다섯 시에 아침 식사를 해야 하는 그리 편안한 휴식년은 못되었답니다.

　다만 출근 걱정 없이 타인의 시간에 쫓기지 않고 식물을 기르니 평소 보이지 않고 미처 생각하지 못했던 재미있는 일들과 추억들이 만들어졌습니다.

이런 일이 있었습니다.

태어나 평생 처음 쉬어보는 휴식년의 선물 같은 시간을 그냥 보낼 수 없어 평소 꼭 가보고 싶었던 모란시장을 가기로 했습니다. 뭐가 그리 바빴는지 이사 온 지 4년이 넘은 지난해 어느 봄날에서야 겨우 발을 딛게 되었답니다.

성남 모란시장은 대한민국에서 둘째가라면 서러워할 정도로 큰 시장인 만큼 제가 모르는 희귀한 식물들이 어딘가에 있을 것만 같아 어떤 식물 친구들을 만나게 될 수 있을지 기대가 컸습니다.

4일과 9일에 서는 오일장인데 모처럼 시간이 나서 가려는 날이면 비가 쏟아지기가 계속 반복되기에 안 되겠다 싶어, 어느 날씨 좋은 장날 친한 언니께 전화로 이해를 구해 선약을 미루고 8호선 전철을 타고 갔답니다.

최근 미세먼지의 심각성이 날로 심한 탓에 산책이나 실외 운동도 마음 놓고 할 수 없기에, 자동차 바퀴가 주차장 바닥에 붙어있음을 출발 시 느낄 수 있을 정도로 꼭 필요할 때만 아주 가끔 자가용을 이용하고 평소엔 대중교통을 애용하려고 노력하는 중입니다.

화창한 봄날 지인과의 약속까지 미루면서 모란시장을 향하면서 제가 식물을 생각보다 많이 좋아한다는 사실을 새삼 알게 되었답니다.

상상했던 것보다 더 큰 모란시장 여기저기 구석구석 다양한 구경은 재미있었으나 천막화원의 식물 종류는 생각보다 많지 않아 약간 실망하며 첫날은 구경만 하고 빈손으로 돌아왔답니다.

식물에게 감성적으로 배우기

한 번 보고 속단할 수는 없는 일이니 한 번 더 가봐야겠다는 생각이 들어서, 기다리고 기다리던 두 번째 모란시장 가는 날은 오전 내내 창밖에 세차게 내리던 비가 겨우 그친 후에야 카트를 끌고 갔습니다.

사전답사한 후라 시장 입구 근처에 있는 천막화원으로 곧장 갔더니 지난번보다 많은 화원이 넓게 차지하고 있기에 반가운 마음으로 먼저 두세 바퀴 돌며 식물들 종류를 파악했답니다.

도중에 양동이로 퍼붓는 것만 같은 빗줄기가 운동화와 바지 단에 튀어 오르고 파라솔에서 뚝뚝 떨어지는 빗방울이 블라우스 소매를 적셔 팔에 감겨도 화사한 꽃들을 향한 시선은 멈출 수 없었으며 마냥 즐겁고 행복했습니다.

아름다운 꽃들의 유혹을 뒤로하고 평소 키워보고 싶다고 생각했던 식물 중에 비교적 뿌리는 튼실하나 찢어진 잎이 있어 상품가치가 떨어지는 여인초와 말라비틀어진 잎이 있고 비스듬히 자라 볼품없이 엉성한 몬스테라, 그리고 물량이 쏟아져 나와 비교적 다른 곳보다 싸게 파는 양란을 카트에 안착시켜 전철로 모시고 왔답니다.

전철은 계단이 많아 흙과 자갈까지 사서 실은 카트가 어찌나 무겁던지 안간힘을 쓰며 옷에 땀이 흠뻑 젖어 창피할 정도로 힘들게 집으로 모셔온 친구들이라 더욱 애착이 갑니다.

요즘 전철역 엘레베이터 공사를 하고 있으니 여인초와 몬스테라 덕분에 흠뻑 젖은 옷과 힘겹게 중간중간 쉬면서 화분을 끌고 올라왔던 길고 긴 전철 계단도 벌써 추억의 한 페이지가 되어갑니다.

저는 식물과 인연을 맺을 때 제 손길과 사랑이 필요한, 즉 지금 당장 볼품은 없지만 시간과 노력을 투자할 가치가 있다고 판단되는 식물을 저렴하게 구입해 시간과 정성을 다하는 편입니다.

어딘가 부족한 부분들이 있기에 제 손길이 필요한 식물을, 신중하게 생각하고 결정해서 모셔온 식물들이라서 더욱 애틋하고 정이 갑니다. 애지중지 정성껏 가꾸면서 마음을 모두 주었기에 더욱 친밀감이 느껴지더군요. 이렇게 식물을 기르면서 자기 자신에 대해서 좀 더 알아가게 됩니다.

'이야기가 있는 식물 가꾸기' 이것이 제가 만들고 싶은 녹색 세상입니다.

소나기가 세차게 퍼붓는 여름날 모란시장 파라솔 밑에서 비가 멈추기를 기다리며 운동화가 다 젖는 줄도 모르고 어떤 식물과 인연을 만들까 고민하던 시간도, 지금 잘 자라고 있는 식물들을 바라볼 때마다 좋은 추억으로 떠오릅니다.

찢어지고 상처 난 잎을 돌보며 시간이 흘러 상처 난 잎이 아물고 자라는 과정과 새잎이 여기저기서 돋아날 때의 기쁨과 새싹을 기다리는 설렘이 좋고, 공간을 꽉 채우며 뻗어 나온 잎이 훌륭한 자태를 뽐낼 때면 정성과 사랑으로 만든 추억은 성취감과 만족감이 되어 춤춥니다.

거실 화분의 식물들이 새 친구들을 만나러 다음 장날에도 모란

시장으로 가자고 속삭이는듯하나 요즘은 코로나-19 때문에 어디
도 갈 수가 없습니다.

　다시 화원이 아닌 더 넓은 세상, 모란시장에서 식물과 추억을
만들고 식물로 인해 행복을 느끼면서, 새로운 식물에게 배울 날
을 손꼽아 기다립니다.

보면 볼수록
행복을 주는
극락조와의 인연

무더운 여름날, 큰 기대 없이 식물 구경하러 모란시장에 갔답니다.
조그만 다육식물 한 개에 천 원이라 친구들과 나누려는 욕심으로 다섯 개나 사고, 알록달록 짙고 옅은, 크고 작은 다육이 구경만으로도 시간 가는 줄 몰랐습니다.

오늘은 구경만 하고 식재료만 사려던 계획이 한 식물 친구에게 꽂혀 발길을 뗄 수가 없는 겁니다.
어느 젊은 부부의 좁은 천막화원 한가운데 잘 보이지도 않는 어둑한 곳에서 비스듬히 자라 자리와 공간도 많이 차지하는 극락조가 서있었습니다.
제 턱까지 올 것 같은 커다란 극락조가 볼품없고 지저분한 플

라스틱 화분에서 한쪽으로 쏠려 기울어진 채 푸르스름한 빛을 발산하고 있었습니다.

사진으로만 보고 말로만 듣던 극락조를 한눈에 알아볼 수 있었답니다. 극락조가 위풍당당 삐딱하니 건방을 떨고 서있는데 다른 식물들은 눈에 들어오지 않는 겁니다.

자세히 살펴보니 상중하 길이의 세포기로 나누어 자라고 있었고, 키 큰 잎 사이에 굵고 힘 있게 뻗은 꽃대 위에 극락조 꽃봉오리가 보일 듯 말 듯 갓 생겨나 자라고 있었으며 크고 긴 넓적한 잎 몇 장은 찢어진 채로 자라 잎가에 울퉁불퉁 상처가 많이 보여 그동안 성장과정을 말해주는 듯했습니다.

여인초와 친구를 만들어 주고 싶어 주인에게 극락조를 길러보고 싶다고 했더니 진짜 극락조라고 길게 강조하시기에 여인초를 기르고 있는 중이라고 답했습니다.

더 이상 말씀이 없으신 채 저를 위아래로 훑어보시더니 잘 기를 것 같다면서 흔쾌히 내어주셨답니다.

대부분의 화원이나 온라인 판매에서조차 여인초를 극락조로 둔갑시켜 팔고 있는 실정이므로 부부의 긴 설명을 충분히 이해할 수 있었거든요.

아저씨께서 신문지로 포장하시며 "좋은 사람 밑에서 잘 자라거라." 말씀하시는데 가슴이 짠하게 저리는 듯했습니다. 정말 좋은 사람이 되어야 할 것만 같았습니다.

아주머니는 "꽃이 피면 꼭 보여주세요"
"네, 꼭 약속 지킬 수 있도록 잘 키우겠습니다."

이렇게 극락조와의 좋은 인연이 시작되었으며, 키 크고 무거운 극락조라 지하철 환승이 두려워 이번엔 버스를 타고 집으로 모셔 왔답니다.

버스 안에서 극락조는 인기를 독차지했습니다. 어떤 아주머니 께서는 식물 이름을 물으시며 극락조에서 눈을 떼지 못하시고, 어떤 분은 극락조 안고 편하게 앉아서 가라고 하시며 자리도 양 보해 주시고는 뒷좌석에 옮겨 앉는 번거로움을 마다치 않는 친절 을 베푸시고, 내릴 때 어떤 아저씨께서 극락조 화분을 덜렁 들어 내려 주시는 등 사람 사는 정을 듬뿍 느낄 수 있어 행복하고 감사 한 대박 난 하루를 보냈습니다.

이렇게 웃음 속에서 우리 집으로 이사 온 후 극락조는 현관에 서 제일 잘 보이는 창가에 서서 온종일 해바라기하더니, 삐딱하 니 건방진 모습은 사라지고 멋진 극락조 꽃도 피우면서 품위 있 고 올곧게 자란 우리 집 인기 짱이랍니다.

군 입대한 두 아들과 통화할 때도 극락조 꽃 핀 소식, 새잎 돋 아난 이야기 등으로 대화거리가 풍부해지고 대화 내용이 예전보 다 촉촉해졌답니다.

아직도 처음 우리 집으로 오던 날의 모습처럼 키 작은 포기의 잎들 중에서 잎이 넓게 펴지지 못하고 찢어진 채 울퉁불퉁, 잎 두께만 두껍게 세포분열이 일어난 잎이 있는데 물을 줄 때마다 마음이 아픕니다.

다른 찢어진 잎들은 상처가 조금이라도 치유되어 잎 색이 약간 다르게 보이거나 갈라진 흔적만 살짝 보일 뿐인데 유독 눈에 띄게 뒤틀어진 볼품없는 잎 하나는 제게 아픈 손가락입니다.

춘천 친구가 다녀가면서 이런 잎들은 없애줘야 한다며 뜯어내려는 것을 극구 말리면서까지 함께하는 이유는 인위적이지 않은 생긴 것 그대로의 모습을 사랑하기 때문이며 언젠가는 지금보다 나은 모습으로 남을 잎이라 믿으면서 상처의 흔적을 어루만집니다.

우리 집에 이사 와서 6개월 만에 돋아난 극락조 잎은 줄기의 지름이 1.8cm 정도 되고 어림잡아 165cm쯤 자라서 기존에 자라고 있던 주변의 다른 극락조 잎들보다 한 배 반 정도 넓고, 잎 길이가 약 40cm 정도의 훤칠한 키와 잎맥에 붉은빛이 감도는, 늠름하고 잘 생긴 외모로 바라보기만 해도 강한 힘이 느껴지는 매력 덩어리인 귀공자입니다.

우리 집을 스쳐 지나간 저랑 인연 있는 화초 중에서 극락조처럼 멋지고 기품 있고 당당하며 힘차게 느껴지는 식물을 본 적이 없습니다.

딱 한 번 절에서 극락조 꽃꽂이한 걸 봤으며 극락조 잎을 본 적은 난생처음입니다. 다른 사람들이 극락조 키우는 것을 본 적은 더욱 없답니다.

커다란 잎과 줄기에서 푸른빛이 감도는 푸른 기상이 느껴지는데 결코 과장된 표현이 아님을 강조 드립니다.

선인장이나 벤자민을 아파트 천장까지 닿도록 오랜 시간을 함께했어도 느껴보지 못했던 극락조만의 묘한 매력이 분명하게 느껴집니다.

잎맥은 자줏빛 또는 붉은빛의 굵은 선이 잎 한가운데 세로로 힘 있게 뻗어 있고 붉은 잎맥을 중심으로, 일정한 간격으로 양쪽으로 갈라져 뻗은 또 다른 노란색 계통의 잎맥이 선명하게 보입니다.

작지만 공작새가 날개를 활짝 펼친 것만 같은 극락조 꽃, 붉은 잎맥과 푸른 잎맥, 노란 잎맥과 푸른 잎맥, 두 가지 색깔을 한 포기에서 동시에 볼 수 있는 길고 넓은 잎, 굵고 강력한 힘이 느껴지는 줄기 등 어느 것 하나 비교될 수 없을 만큼 뛰어난 매력을 발산합니다.

극락조 꽃이 피고 난 후 꽃이 시든 꽃대도 어찌나 억세고 힘 있던지 특대형 가위로 안 돼 전문가에게 갈아온 칼날이 잘 드는 커다란 부엌칼로도 겨우 잘라내면서 애먹었던 추억과 함께 극락조 분갈이를 잘하려면 힘을 기르는 근력 운동을 해야겠다는 생각도 들었답니다.

벚꽃이 흐드러지게 핀 봄이 왔으니 모란시장 천막화원 젊은 부부에게 멋진 극락조 꽃 사진 보여주러 가고 싶지만 보류한 채 하루빨리 코로나-19와의 전쟁이 끝나길 간절히 바라고 있답니다.

이렇게 멋지고 기품 있는 극락조가 제 친구인 것이 자랑스럽고, 극락조와의 인연은 삶이 마치 대박 난 것처럼 바라보는 내내 기쁩니다.

며칠 전부터 커다란 잎 대 옆에서 뾰족한 새순이 돋아나 7cm 정도 올라오고 있어 노란 잎맥일까 빨간 잎맥일까 기다리는 설렘도 행복합니다.

지난번에 나온 잎맥이 빨간색이었으니 이번엔 노란색일 것 같은 생각이지만 확실한 것은 아닙니다. 예상했다가 결과를 확인해 보는 것도 스트레스가 아닌 혼자만의 퀴즈 게임이 되어 더 재미있답니다.

4일 정도 새순이 자라나 돌돌 말린 끝부터 약간 펼쳐지고 있는 모습이 꽃이 아니라 잎으로 판단됩니다.

잎 크기는 어느 정도일까 이번에 돋아난 잎의 줄기는 어디까지 자랄까 등의 기대치가 있어 모든 것이 기다리는 기쁨입니다.

극락조의 굵고 매끈한 잎 대에서 돋아나고 있는 새순들을 보면서 극락조 꽃을 기다리는 마음은 꿈이요 희망입니다.

튼튼하고 늘씬하게 위로 쭉쭉 뻗은 극락조 잎 대의 밑 둥 부분에 착 달라 붙어있는, 각각의 모든 줄기마다 붙어있는 타원형 뚜껑을 열고 금방이라도 새싹들이 돋아나 웃을 것만 같은 느낌이 들어 자꾸만 극락조 화분 앞에 서게 됩니다.

언제나 줄기 뚜껑이 열리려는지, 오늘은 열리겠지, 막연한 기다림이 아닌 눈앞에 짠하고 나타나는 현실성 있는 꿈이기에 생각하면서 기다리는 시간이 더욱 좋습니다.

만나기로 한 약속시간에 늦은 사람을 기다리는 것은 스트레스지만 극락조 꽃이 피기를 기다리고 새잎이 돋기를 기다리는 마음은 행복이요 그저 감사한 마음뿐입니다.

기다리고 기다리던 극락조 꽃이 피는 순간은 꿈이 현실이 되는 순간이기에 더욱 기쁘고 반가운 마음이 드는 것입니다. 극락조 개화 순간은 기다리는 오랜 시간의 설렘이 환희로 바뀌는 절정의 순간입니다.

보면 볼수록 기품이 느껴지는 극락조 꽃과 잎에서 많은 좋은 것들을 생각하게 되고 배우게 됩니다.

무엇보다도 중요하게 생각되는 배움 한 가지만 들자면 그것은 바로 '인품'입니다. 극락조 잎 하나하나의 기품 있는 모습에서 사람다운 향기가 나는 '인품'을 길러야겠다는 생각을 했습니다.

잘은 모르지만 극락조의 기품처럼 인간에게 품격이 있다면 좋은 인품이란 극락조처럼 많은 행복을 여러 사람이 함께 공유할 수 있으며, 누구나 닮고 싶은 사람일 것 같습니다.

보면 볼수록 행복을 주는 극락조와의 인연에 감사하면서 이번

엔 제가 큰 소리로 말합니다,

"극락조야 내게 날아와 줘서 고마워! 너를 만난 건 정말 행운이
라 생각해. 너를 볼 때마다 난 행복하단다."

8월 중순인 지금 전철역 엘리베이터도 완공되어 예전보다 쉽게
식물을 모셔올 수 있지만 모란시장은 코로나-19로 인해 아직도 폐
장되어 모란시장 화원 부부와의 약속도 지키지 못하고 있습니다.

어쩌면 새로 피어날 또 다른 극락조 사진을 함께 보여드릴 수
도 있겠다는 작은 희망을 갖고 모란시장 개장을 기다립니다.

행복했던 순간엔
식물과 함께

　선생님이 되어 강낭콩, 옥수수, 유채꽃, 나팔꽃, 봉숭아꽃 등을 교실에서 화분에 길러 관찰할 때 나오는 학생들의 탄성과 눈빛으로 정말 행복했던 추억이 많습니다.

　장남 출산 축하 선물로 받았던 보세 난을 키워 3년 후 어느 날 아침 맡았던 동양란 꽃향기는 제가 제일 사랑하는 향이 되었습니다.

　25년 전 어느 날 출근했을 때 교실 책상 위에 놓여있었던, 지영이 어머니께서 손수 정성껏 기르신 풍란의 그윽한 향기를 아직도 기억합니다. 이렇게 식물과 함께 행복했었던 기억은 오래간다는 것을 경험으로 알 수 있습니다.

　중소 도시에서 살다가 서울로 이사 오면서 하우스 푸어가 되어 바뀐 환경에 적응해야 하고 절약하면서 살려니 자꾸만 행복이 달아나려는 것 같아 좀 더 행복해지기 위해서 나를 위한 선물로 식물을 기르기 시작했습니다.

두 아들 고3 뒷바라지로 묵묵히 물 주며 기다리는 시간에도 기대 이상으로 식물은 귀한 지혜를 내어주었으며 드디어 소소한 행복이 저를 찾아 왔습니다.

아파트에 입주해 보니 이집 저집 인테리어 고치느라 시끄러운데 현관 중문도 없이 화분 몇 개로 근사한 인테리어 효과를 톡톡히 봅니다.

키 큰 식물 한그루가 그 어느 고급스러운 비싼 가구보다도 돋보이고 제 마음을 흡족하게 하며, 실내에 활력을 주는 것 같아 편안하고 쾌적한 느낌이 듭니다.

석박사가 되고 포스트 닥터를 했어도 채워지지 않던 배움에 대한 갈증은 식물이 들려준 몸짓언어 덕분에 배움의 목마름도 해소되고 지금은 비교적 행복합니다.

제게 꿈이 다시 생겼습니다.

행복이 무엇인지도 어렴풋이 느껴집니다.

모두가 식물이 가져다준 선물입니다.

살다가 지치고 외로울 때 곁에서 위로가 되어줄 수 있는 것은 사람이 아니라 식물이라는 것을 오랜 경험으로 알았답니다. 사랑하는 사람도 때로는 힘들게 하지만 식물은 곁에서 묵묵히 간섭하지 않고 함께 있어 줍니다.

  다소 차이는 있으나 한 식구로 지내던 개나 고양이 등 반려동물처럼 영원한 이별의 아픔을 겪지 않아도 됩니다. 무엇보다도 반려식물은 반려동물처럼 출근 후 애완동물을 외롭게 한다는 마음의 걸림이 없어 외출 시 한결 편하고 비교적 책임감이 덜 합니다.

  제가 가장 행복했던 기억들 속에는 항상 화분이나 꽃바구니, 꽃다발, 난초, 진달래, 아카시아 꽃, 감나무 꽃, 해당화 등 식물이 함께했다는 사실이 중요하며 좋은 추억들을 많이 간직하고 있습니다.
  이렇게 제 행복의 중심에는 식물이 함께 했었기에 우리 새언니도 새로운 보금자리에서 진심으로 행복했으면 좋겠다는 생각으로 '식물과 친구 하는 기쁨'을 함께 공유하고 싶었답니다.

  새언니는 서울이 고향이고 결혼 전후 모두 서울에서 살았으며 사업상 일본과 미국에서 오랜 기간 살다가 귀국해 두 번의 겨울을 한국에서 보내고 있습니다.
  소품으로 집안 꾸미기를 좋아해 레이스 커튼을 손수 떠서 걸 정도로 전문가적 소질과 미적 감각이 뛰어나지만 명절이나 피서로 시댁에 올 때도 텃밭 식물에 관심을 둔 적이 없었고, 인테리어의 꽃은 살아있는 식물이니 제가 키우던 화분 한두 개 가져다 키우라고 해도 싫다고 했었지요.
  새잎 한 장 돋아나도 행복해하는 제가, 키우던 식물의 포기를 나누어 누군가에게 준다는 것은 큰맘 먹지 않으면 쉽지 않다는

식물에게 감성적으로 배우기

것을 모르는 것만 봐도 식물을 좋아하지 않는 것이 분명합니다.

제가 드린다고 한 화분이 볼품없어서인가 싶어 화원에서 마음에 드는 식물을 골라 키워보자고 해도 싫다고 했었습니다. 시어머니 기르시던 화분 중에서 마음에 드는 좋은 화분을 골라 길러보는 것도 내키지 않나 봅니다.

오빠 댁은 거실 창밖에 식물을 기르기 좋은 발코니가 있어 화분을 권유했던 것입니다. 사람의 취향은 서로 다름을 인정하는만큼 새언니를 흉볼 생각은 전혀 없으며 그만큼 식물에 관심이 없고 좋아하지 않는다는 것을 강조하다 보니 말이 길어졌습니다.

지난해 어머니를 가까이서 모시기 위해 고향 쪽으로 이사 가신 오빠 댁에 갔더니 화분이 네 개나 있었으며 그중 하나는 새언니가 직접 사서 기르고 있다는 겁니다. 한결 집안에 생기가 돌고 무엇보다도 언니가 식물에 관심을 갖게 된 심경의 변화가 있어 반가웠습니다.

우리는 한참을 식물 앞에서 식물에 대한 이야기를 하면서 시간가는 줄 몰랐으며 부엌 창가에 놓인 약간 말라가고 있는 화분 이야기로 하나가 되었답니다. 대화 내용이 예전과 많이 달라져 더욱 풍부해졌습니다.

새언니가 식물 기르기에 관심을 갖게 되면서 심지어 올봄에는 우리 집에 와서 식물을 심어가겠다는 말까지 안부 전화 중에 들었답니다.

그러나 제 경험상 처음부터 고민하면서 직접 식물을 선택도 해보고 스스로 심어서 키워봐야 식물에게 더욱 애착이 간다는 것을 알기에 화분과 흙, 식물 선택 방법 등을 가르쳐 드리면서 혼자 경험해 보시도록 기회를 드렸습니다.

코로나-19의 장기전으로 사회적 거리 두기를 지키고 있는지라 오빠 댁에 가보지 못해 과연 어떤 종류의 식물을 선택해 기르고 있을지도 궁금하지만, 무엇보다도 조카들 모두 분가시키고 두 분만 사시는 만큼 식물이야기로 하나 되어 오빠랑 신혼처럼 알콩달콩 재미있게 오래오래 행복을 누리셨으면 좋겠다는 바람이 큽니다.

또한 새언니가 식물을 좋아하게 되셨고 식물에게 정성을 쏟는다는 것은 그만큼 건강도 회복되고 마음의 여유가 생겼다는 증거이기도 한 것 같아 정말 기쁩니다.

요즘은 단골 미용실에서 기르고 있는 다육식물의 매력에 푹 빠지신 것 같습니다. 예쁘고 멋스러운 다육식물을 사러 재래시장을 가고 싶은데 코로나-19로 인해 오일장이 서지 않는다고 안타까워하면서 웃었습니다.

아파트 단지 내에서 누군가 이사 가면서 메모와 함께 놓고 간 식물을 데려왔다는 등 장시간 통화 내내 식물이야기로 큰 웃음 자아냈던 오늘 같은 행복을 자주 만들어야겠습니다.

이젠 새언니한테 다육식물을 분양받아 올 날을 희망적으로 기

다립니다. 늦바람이 무섭다고 새언니의 뒤늦게 바람난 식물 사랑
이 무척 기대됩니다.

새언니도 저처럼 가장 행복했던 순간에 식물과 함께했던 추억
이 많아지고 식물의 환한 몸짓인사를 자주 받을 수 있었으면 좋
겠습니다.

쑥스러워 말로 자주 표현하지 못했던 말들을 환한 식물의 몸짓
언어로 대신합니다.

"언니 초록 세상에 오신 것을 진심으로 축하드립니다."
"앞으로 언니도 식물 곁에서 식물처럼 싱그럽고 더욱 윤기 나
는 촉촉한 삶이 펼쳐질 거라 생각합니다."

타국에서 고생하시다 이제 맘껏 자유를 누리는 삶도 아쉬운 마
당에 얼굴 한번 찡그리지 않고 한결같은 마음으로 시어머니께 맛
있는 음식을 해드리고 목욕시켜드리며 보살펴 드리는 수고로움
을 마다하지 않는 새언니께 안타깝고 염치없지만 진심으로 감사
할 뿐입니다.

가끔 서울에서 만날 때 맛있는 음식이라도 사드리면서 새언니
께 감사한 마음을 전하고 싶었는데 코로나로 인해 뜻대로 제 마
음이 전달되지 못한 것 같아 아쉬움이 많이 남습니다. 아무리 우
리가 친한 올케와 시누이 사이라 해도 백수를 향하신 시어머니를
모시고 있는 한 시누이가 편하지만은 않을 것입니다.

밖으로 드러내지 못하는 시댁에서 받는 스트레스와 친정 동생과의 갑작스러운 영원한 이별의 상처도 보듬어 드리지 못했기에 더욱더 새언니가 식물을 키웠으면 하는 마음이 컸습니다.

식물에겐 무엇이든 말해도 비밀이 보장되며, 초록색은 마음의 안정을 주기 때문에 스트레스 완화에도 도움이 된다는 걸 제가 경험했기 때문입니다.

식물은 제가 언니께 드리지 못하는 위안을 줄 수 있답니다.

식물과 친해지면 그 누구도 채워주지 못하는 공허함을 메꿔주기도 하고 삶의 의욕도 불어넣어 주는 묘한 마력이 있어 스스로 건강 증진을 위해 노력하게 되더군요.

이젠 저보다 새언니가 더 식물을 사랑하게 될 것 같은 좋은 예감이 듭니다.

오늘도 벚꽃 길 걸으며 울산바위와 동해 바다를 향해 왔다 갔다 운동하고 있을 새언니께 달려가고 싶지만 마음으로 함께 걷습니다.

시어머니가 좋아하시는 호박죽 끓이시느라 힘드셨을 텐데 편안한 밤 되시기 바라면서 "언니 진심으로 감사합니다."

추석 지나고 베란다를 차방으로 꾸며 보내온 카톡 사진 속 테이블 위에는 예쁜 화분이 놓여있었으며, 며칠 전 전화로 식물이 위로만 너무 빨리 자란다고 재배법을 의논하기도 하는 등 지금은 식물이야기로 시간 가는 줄 모르고 통화한답니다.

식물에게 감성적으로 배우기

감성수업의
지름길은
식물과 벗하기

2019년은 감정적으로 매우 힘든 한 해였답니다.

인생에 있어서 처음 맛보는 복잡 미묘한 감정들이 얽혀 이러지도 못하고 저러지도 못하는, 한마디로 설명하기 힘든 감정 상태였답니다.

집에서 가까운 부대로 따스한 5월에 입영 날짜 받아놓았건만 앞당겨 신청해서 같은 해 엄동설한 1월과 12월 두 아들 모두 입대를 했으니, 엉겁결에 실제 생활에선 시간에 얽매이지 않아도 되는 자유를 얻었지만, 혹시나 훈련소에서 올지 모르는 전화 한 통 놓칠세라, 백 세를 바라보시고 팔순이신 양가 어머님들의 노환으로 인해 혹시나 논산 육군훈련소 수료식 면회 놓치게 될까 봐 등등 마음으로부터의 진정한 자유는 느낄 수가 없었답니다.

남편은 시어머니 모시고 서울 병원 왔다 갔다 하느라 겨울방학임에도 불구하고 아들 입영과 자대배치 첫 면회를 혼자서 가야 했습니다.

성남에서 논산, 장성, 양주를 오가며 모두 초행길에 내비게이션 보면서 장거리 운전한다는 것은 극심한 교통정체와 더불어 스트레스받기에 충분했지만 그나마 조금 위로가 되었던 건 살면서 가장 이른 봄맞이와 봄꽃들을 볼 수 있었다는 겁니다.

이른 봄을 아들과 전라남도에서 맞이해 우리나라 최북단 양주에서 늦은 봄을 보낼 수 있었기에, 그 어느 해보다도 봄을 가까이서 길게 느낄 수 있었으며, 남부부터 북부지방까지 순차적으로 볼 수 있었던 진달래꽃 또한 소중한 추억의 한 페이지로 간직하고 있답니다.

새벽에 출발해 청담대교를 지나 강을 끼고 달리며 보았던 화사한 벚꽃들의 유혹을 뿌리치고 면회시간 내에 도착하기 위해 엑셀을 밟아야 했던 아쉬움이 크게 남기에 올봄에는 만사 제쳐놓고 봄꽃을 따라서 국내여행을 꼭 하려고 벼르고 별렀지만 코로나-19로 모든 사람이 고생하고 있는 지금은 아파트 정원의 봄꽃들을 볼 수 있는 것만으로도 만족해야 하며 감사하다는 생각이 듭니다.

코로나-19로 인한 사망 소식과 3월 1일, 4월 3일, 4월 16일, 4월 19일 등을 기리면서 잔인한 봄날을 보내고 있는 요즘은 내년의 봄꽃놀이를 기대할 수 있는 것만으로도 감사하고 한편으론 고생하시는 전국의 의료진들께 미안한 생각이 드는 것이 솔직한 심

식물에게 감성적으로 배우기

정입니다.

우리나라에 코로나바이러스 의심환자가 2020년 1월 8일 처음 확인되었으니 3개월 14일을 집콕으로 지낸 오늘, 사회적 거리 두기도 장기화될 추세인 요즘 실내 생활이 점점 답답해지고 불안한 사회 분위기도 정서적 불안 요소가 될 수 있는 지금은 식물이 제 마음을 가장 편안하게 해주는 좋은 친구입니다.

군 입대한 두 아들 대신에 키 큰 식물이 서있으니 덜 허전하고 식물에게 물 주며 기색을 살피니 어찌된 일인지 실망했던 사람에게 새로운 사랑도 솟아난답니다.

식물에게 일조량을 늘려주기 위해 거실 커튼을 새벽에 젖히게 되고 유리로 투과되는 빛이 아닌 햇살로 마사지해 주고 싶어 창문을 열어주게 되니, 저는 저절로 신선한 공기를 마시게 되고 일광욕으로 건강을 챙기게 되는 일석이조인 셈입니다.

제가 식물을 보살피는 것이 아니라 제가 식물 덕분에 건강하고 규칙적인 삶을 만들어 가고 있는 것이지요.

집안 여기저기에 녹색 식물이 놓여있으니 눈길 닿는 곳마다 녹색의 생명력이 느껴져 코로나-19로 위축된 마음도 생동감으로 대신 채워지는 것 같고 예비교사들의 체육수업 지도를 위한 운동장 강의로 장기간 자외선에 손상되었던 시력도 좋아지는 느낌입니다.

이렇게 식물을 키우는 것은 키운다는 낱말이 적절하지 않은 것처럼 느껴질 정도로 심신의 안정적인 도움을 받는다는 것을 알게 된답니다.

어느 날은 사랑하는 식물을 그림으로 그려 간직하고 싶기도 하고, 꽃이 피면 사진을 찍어 좋은 소식과 함께 친구에게 보내주고 싶어지기도 합니다.

좋은 꽃향기를 혼자만 즐기기 아까워 함께 공유하고 싶어지니 때로는 꽃차명인 친구와 지인들을 초대해 찻자리 펼치고 싶은 생각도 가끔은 든답니다.

무엇보다도 식물을 키우면서 식물과 친구 되면 감성이 무르익는 것 같습니다. 매일 보는 식물의 초록색이 똑같아 보인 적은 한 번도 없답니다. 맑은 날과 흐린 날에 따라 다르고, 아침과 저녁의 초록빛이 다르고, 식물의 성장발육 상태에 따라 다를 뿐만 아니라 전등 색깔, 일조량, 햇살의 각도 등에 따라서도 초록색은 매우 다양합니다.

식물이 물을 머금고 있는 정도에 따라서도 다르고 특히 식물의 종류에 따라서도 초록색은 조금씩 차이가 납니다. 물론 꽃 색깔도 그렇습니다. 그래서 저는 자녀가 화가의 꿈을 갖고 있다면 식물을 가꾸어 볼 것을 적극 추천합니다.

만일 누군가에게 과학자의 꿈을 심어주고 싶다면 식물을 곁에 두고 직접 키워보도록 기회를 주시기 바랍니다.

관찰 일기를 쓸 수 있다면 더욱 좋겠지만 부담 없이 1년이고 2년이고 장기적으로 관심을 두고 애정을 쏟는 것만큼, 식물에게 사랑을 주는 반복적인 경험만큼 효과적이고 좋은 살아있는 교육

식물에게 감성적으로 배우기

은 찾기 어려울 것입니다.

 분명하게 말씀드릴 수 있는 것은 제 경험상 식물을 키우면 정
서적으로 안정을 찾을 수 있어 집중력이 좋아지고, 장기간 한곳
에 머물러 자라는 식물의 성장을 지켜봄으로써 꾸준히 인내심을
기를 수 있어 차분하게 책상에 앉아있는 시간도 자연히 증가하게
됩니다.
 물을 안 주면 시들게 되니 규칙적으로 물을 주면서 책임감도
길러지고 식물과의 소통은 자신의 감정을 알아차릴 기회가 주어
지는 시간으로 이어져 감성이 풍부해지며, 좋은 감성이 내면에
쌓이게 되면 저절로 좋은 에너지를 밖으로 표출하게 됩니다.
 저의 백 마디 말보다 직접 식물을 키우면서 감성수업의 자율학습
에 쉽게 접근해 보는 경험의 소중함을 빨리 느껴보시기 바랍니다.
 식물은 감성수업의 선생님이자 스승이 되어줄 것입니다. 다시
말하면 감성수업의 지름길은 식물과 벗하는 것입니다.

 가까운 곳에 비교적 식물이 많이 자라고 있는 시골에 살고 있
고, 산속에 산다고 해서 모든 사람의 감성이 풍부해지는 것은 아
니랍니다.
 자신의 관심 밖에 있거나 식물을 사랑하지 않으면, 스스로 자각
하지 못하거나 깨닫지 못하면 감수성이 풍부해지지 않습니다.
 초등학교 분교가 있는 시골 마을에 사는 어린이라고 해서 모두
자연을 잘 알고 식물에 관심이 있는 것이 아니라는 것을 교직 12

년 차에 알고 깜짝 놀라 서둘러 감수성을 깨우려 새싹이 돋아나고 있는 교정의 꽃밭에서 맨손으로 흙을 파헤쳤던 국어시간이 생각납니다.

하루라도 빨리 식물과 친구가 되어보시기 바랍니다.

화분에 심어진 단 한 그루의 식물이라도 좋습니다.

스스로 인식하는 가운데 식물과 벗하면 잘하는 꿈, 좋아하는 꿈을 알 수 있게 될 것이며, 자신의 꿈을 찾아 이루기 위해 성실하고 책임감 있게 노력할 수도 있게 될 것입니다.

모든 학문은 하나로 연결되어 통하는 그 무엇이 있답니다. 식물을 키우면서 식물과 벗이 되어 경험으로 배운 내용은 반드시 다른 학문들에게도 영향을 미치게 되므로 연결고리가 되어 여러분이 무엇이 되고 싶은지, 무엇을 하고 싶은지, 무엇을 하게 되든지 간에 좋은 방향으로 이끌어 주는 힘이 될 것입니다.

식물 그림 작가나 식물 아티스트처럼 식물과 사랑에 빠져 감수성이 폭발했다는 당신의 행복한 메아리를 기다리고 있겠습니다.

식물에게 감성적으로 배우기

식물의 몸짓언어는 어머니의 눈빛언어가 되었나 봅니다

노년에 식물 가꾸기가 유일한 취미이셨던 친정어머니께서 망백을 넘기시면서 수많은 화분을 정리하셨습니다.

수십 년을 키우셨으니 화분이 얼마나 많은지, 저 혼자서 여기저기에 널려 있는 화분들을 깨끗이 씻어 재활용으로 내놓고, 깨버리고, 말라 죽은 식물, 흙과 엉겨 붙은 뿌리를 정리하고 촉을 나누어 난초 분갈이, 마당에 풀 뽑기까지 청소하는 데만 꼬박 3일이 걸렸답니다.

이젠 기력이 없으셔서 들여놓을 수도 없고 부탁하기도 싫으니 안 키우기로 결정하셨나 봅니다. 아끼던 화분이 죽어가는 모습을 보면서 얼마나 마음이 아프셨을까 내 마음이 이렇게 아린데……

엄마의 화분은 저랑 추억을 공유한 것들이 참 많았거든요. 제 추억도 사라진 것 같아 마음의 허한 느낌을 지울 수가 없었답니다.

저희 집에 오셔서 며칠 지내시다 가시라 해도 화분에 물 줘야한다며 극구 사양하실 때는 조금 섭섭하기도 하고, 가을이 되면 무거운 화분 수십 개를 마루에 들여놓아 드리는 것도 왕복 이틀은 시간을 내야 가능하므로 때론 부담스럽기도 했지만 꽃 속에 묻혀 사시는 모습이 덜 외로워 보이고 한편으론 행복해 보여 힘든 내색하지 않고 도와드렸습니다.

최근에는 오빠가 도와 드렸었는데 허리가 아프시다더니 아들에게 부담 주기 싫으셨나 봅니다.

책을 엮어 내려가면서 갑자기 궁금해졌습니다.

제가 사는 곳 주변에 코로나-19 확진자가 갑자기 늘어나 방문을 꺼리시는 것 같아 달려갈 순 없고 전화를 걸어 친정어머니께 왜 식물을 키우셨냐고 여쭈었더니 1초의 망설임도 없이 "그냥 좋아서."랍니다.

그래도 다시 한번 천천히 잘 생각해 보시고 말씀해 달라고 했더니 또 "그냥 좋아서."라며 말끝을 흐리십니다.

저의 일방적인 이런저런 대화 속에서 "잘 자라는 것이 좋았다."고 하십니다.

시들어가는 화분도 갖다 드리면 잘 살리시니 좀 더 특별한 말씀을 기대했었는데 무심코 대답하시는 것 같아 자꾸 좀 더 생각해 보시라고 한 것입니다.

전화를 끊고 나서 곰곰이 생각해 보니 식물이 무럭무럭 자라는 것을 보는 기쁨보다 더 좋은 것이 어디 있을까 싶어 이해가 가지만 젊은 사람은 어떻게 표현할지 궁금했습니다.

그래서 이른 봄 베란다에 천리향 꽃이 향기를 뿜고 있다며 사진을 찍어 보내오고 가족들이 싫어해도 실내에서 식물을 키워온 소꿉친구 명화에게도 왜 식물을 키우는가 물었더니 똑같은 반응입니다.

사랑에 빠질 때 이유 없이 무조건 좋듯이 식물을 좋아하는 것에도 이유가 없나 봅니다.

한평생을 식물 속에 묻혀 사신 우리 어머니

인생 후반기를 손수 가꾼 꽃 속에 묻혀 사신 우리 어머니

1929년에 태어나셔서 일제 강점기, 한국전쟁 등 파란만장한 삶 속에서도 육 남매의 어머니로 오늘까지 흔들림 없이 일관성 있게 간결하게 표현하시며 살아오신, 힘들어도 힘든 내색 한번 않으시고 한결같이 92년이라는 세월을 내유외강으로 살아 내신 어머니의 삶을 존경합니다.

모질고 험한 파도와 비바람 속에서도 당당함과 품위를 잃지 않으시고 단아한 모습으로 평생 묵묵히 식물을 가꾸시는 어머니 마음을 좀 더 잘 알고 싶어서, 어떻게 화 한번 안 내시고 육 남매를 기를 수 있었는지 그 비결을 배우고 싶어서, 잘 사는 게 힘들어서 어머니처럼 식물을 기르기 시작했으며, 이젠 식물과 친구가 되었

습니다.

어쩌면 그렇게 쓸데없는 말은 한마디도 안 하시고 과묵하게 사실 수 있었는지에 대한 궁금증도, 어느 날 화분에 물 주며 식물과 얘기하고 있는 제 모습에서 이해할 수 있었으며, 궁금증이 풀렸습니다.

저도 이젠 속으로 삭히면서 좀 더 멀리 내다보려는 마음의 눈으로 식물 잎의 먼지를 닦고 있으며, 어머니처럼 누군가에게 치명적일 수 있는 허물을 덮어 주고 이해하려고 노력하면서 화분에 물을 주고 있답니다.

바쁜 생활 속에서 식물과의 대화는 어머니와의 교감이었습니다.
사람을 좋아하시고 식물을 좋아하시는 어머니를 닮아서 제가 이 책을 쓸 수 있게 되었다고 생각합니다.
식물을 키워보니 어머니의 마음을 조금은 알 것 같습니다.
아마도 식물이 들려주는 그 깊은 울림을, 말로는 도저히 단시간에 표현할 수 없으셨을 겁니다.
이렇게 어머니의 마음을 조금이나마 이해할 수 있고 미루어 짐작할 수 있게 된 것도 감사할 뿐입니다. 식물의 몸짓언어를 이해했듯이 어머니의 눈빛언어도 이해할 수 있을 것 같습니다.

우리 육 남매 단 한 번도 큰소리 내신 적 없이 눈빛으로 키우셨으니 식물이 친정어머께 보낸 몸짓언어는 아마도 이유극강

柔克剛)이었나 봅니다.

식물의 몸짓언어가 어머니의 눈빛언어가 된 것 같습니다.
아마도 식물의 몸짓이 어머니의 눈빛이 되었나 봅니다.

"나에게 새로운 눈을 뜨게 해줘서 고맙다. 식물아!"

* 후기
10월 16일 어머니 생신날 밤, 이불 펴고 노트북으로 이 글을 읽어드렸더니 어머니 눈빛이 더욱 빛났습니다.
"엄마! 건영이 엄마가 엄마보고 아주 많이 배운 신여성이라고 하셨대요."
"그래, 정신대에 끌려가지 않기 위해 배울 곳이 있으면 어디든 찾아다니면서 배웠지. 지금의 고등학교 수준까지는 될 것 같은데……."
"그렇게 많이 배웠으면서 왜 나한테는 그렇게 모르는 척 못 하는 척 했어?"
"니가 잘하니까 그랬지."
"……."

'내가 배우는 것을 좋아하는 것은 엄마를 닮았구나!'

반려식물과
어머니

　화사한 연분홍 드레스를 입었던 벚꽃이 녹색에서 붉은 옷으로 갈아입고 정열적인 짝사랑의 마지막 인사를 위해 창밖 아파트 정원에서 유혹하는 가을입니다.

　단풍과 이별하기 전에 마스크 쓰고라도 나가 잠시 곁에 앉았다 와야 할 것만 같습니다.

　오늘은 10월 23일, 2020년은 코로나로 인해 식물에게 물 주며 방콕하면서, 많은 시간을 함께하며 제게 반려식물로 다가왔듯이, 식물은 어머니께 반려식물이었음을 깨닫게 되었답니다.

　휴가 나온 둘째 아들이 보여준 영화 '작은 아씨들'에게서 세 남자와 사느라 꽁꽁 숨겨두었던 감성이 스멀스멀 기어 나와 꿈틀거렸습니다.

밀쳐두었던 노트북을 3주간 밤낮없이 두드리면서, 머릿속이 온통 식물로 꽉 찼던 시간은, 순간순간의 미묘한 감정들이 정리되고 문자화되면서, 지나온 시간과 앞으로의 삶을 재조명할 수 있는 소중한 시간이 되었습니다.

반려식물은 사고를 폭넓게 만들어 줍니다.

어찌나 반성할 것들이 많았던지…….

식물은 오늘의 생각이 미흡함을 내일이면 보여줍니다.

식물은 나날이 새로운 감성과 깊은 사고를 이끌어 내줍니다.

오늘 쓴 식물에게서 배운 사실적 지식이 수개월 지나면 보충 보완해야 할 살아있는 지식이 된다는 걸 식물과 벗하다 반려식물이 되고 책을 엮으면서 알게 된 또 하나의 성과입니다.

책으로 만났던 자연주의 철학자나 교육학자 선각자들의 이론들을 화분에 물 주며 확인하고 터득했으니 이만하면 반려식물과의 동거는 일석삼사조의 행복한 선택적 삶이 아니겠는지요.

탈고를 끝내고 2개월 정도 덮어둔 사이에도 식물과의 대화는 이어졌으며 다시 채우고 보완해야 할 새로운 지식에서 지혜의 갈증도 어느 정도 해갈되는 듯합니다.

유난히 장마가 길었던 여름이 지나 유난히 깨끗하고 파란 가을 하늘에 반해 거실 창문을 활짝 열어젖혔던 날, 제 손가락 두 뼘이 넘는 커다란 극락조 잎의 중지 손가락 굵기의 튼튼한 줄기 두 대가 순간적으로 불어 닥친 바람에 그만 꺾여있었습니다.

　날씨가 너무 좋았고 점심 먹는 사이 순간적으로 벌어진 일이라 어쩔 수 없었지만 애지중지하던 극락조라 어떻게 든 살려보고 싶었답니다.

　궁리 끝에 기다란 줄기가 꺾인 극락조 잎은 면도칼로 잘라 꽃병에 꽂고, 극락조 잎 바로 아랫부분의 줄기가 꺾인 다른 한 대는 스키폴대 두 개를 어슷하게 맞세워 지지대를 만든 후 극락조 잎을 올려놓았습니다.

　며칠 후 꺾인 줄기 부분에 자국은 남았지만 꼿꼿하게 줄기가 혼자 서기에 스키폴대 받침을 제거하고 엄마 생신에 다녀왔더니 다시 더 심하게 꺾여있었습니다.

　스키폴대가 넘어져 다른 줄기를 다치게 할까 봐 잠깐 환기시키는 것도 신경이 쓰였기에 이번에는 화분을 돌려가며 꺾인 극락조 잎이 벽을 지지하고 서있도록 해두었습니다. 지금은 다시 좋아진 상태지만 재발 방지를 위해 며칠 더 지지해 둘 생각입니다.

　대학 시절 봉사 가서 태풍으로 쓰러진 벼이삭을 서로 맞대어 세웠던 경험을 살려 큰 기대 없이 스키폴대를 세워주었는데 재생되는 걸 보니 면도칼로 잘랐던 극락조 잎에게 미안한 생각이 듭니다.

　이러한 과정에서 아는 것이 힘이며 무지함이 식물을 죽일 수도 있고 살릴 수도 있다는 것을 깨닫게 되었고 무엇이든 배워야겠다는 생각이 듭니다.

　또한 극락조 잎이 부러지지 않고 꺾였기에 다시 살아난 것처럼

사람도 때로는 꺾일 줄 알아야 다시 회생할 수 있는 기회가 온다
는 것도 터득했답니다.

기이한 현상은 커다란 잎 두 대가 부러진 후, 가운데 줄기에서
새잎이 돋고 있는 중인데 줄기 하나에서 두 장의 잎이 펼쳐지고
있답니다.

뾰족뾰족한 잎의 끝이 분명 두 장이고 가운데 부분도 갈라져
있음을 아들과 함께 거듭 확인하면서 쌍둥이도 아니고 어떻게 이
해해야 할지에서 유전이야기, 신화이야기로 대화가 이어졌네요.

제가 좋아하는 일석이조, 일거양득, 도랑 치고 가재 잡기라 좋
은 일이 있으려나 은근히 기대됩니다.

또 다른 배움은 여인초를 좀 더 크고 넓은 화분에 포기를 나누
어 심어 줬어야 했는데 그냥 적당한 크기의 고급화분에 그대로
옮겨 심었더니 각각의 포기에서 나온 새잎들이 원만하게 자라지
못하고 줄기가 약해 부러지기도 하면서 끝내는 버티지 못하고 제
일 약한 포기가 도태되는 현상을 봤습니다.

남은 여인초 두 포기도 위기의식을 느꼈는지 자꾸 새잎이 돋아
나 내년 봄 분갈이까지 화분이 비좁아질 것 같아 겨울에 분갈이
할까 고민 중이며, 마른 줄기를 뽑아내면서 식물의 세계도 인간
사와 별반 다를 것이 없다는 것을, 인간사와 비슷하다는 것을 알
게 되었습니다.

봄부터 시도 때도 없이 꽃을 피우며 향기를 뿜던 재스민은 키

가 한 뼘 넘게 자랐지만 초가을부터 잎 전체가 변색하며 낙엽 지듯 건강하지 않기에 지난주 잎을 모두 떼어버렸습니다.

내년 봄에 새잎이 돋을 줄 알았는데 요즘 가을볕에 새싹이 돋아나 자라고 있어 올 가을 첫추위에 베란다 창문을 잠깐 열어 환기만 시킬 뿐 보온유지에 신경 쓰고 있답니다.

봄인 줄 알고 보랏빛 꽃을 피울까 염려됩니다.

사람이든 식물이든 떠날 때와 머무를 때를 스스로 알고 실행한다는 것은 매우 중요한 일이라 생각됩니다.

고작 2~3년 식물에 푹 빠져 지낸 저와는 달리 30년 넘게 반려식물과 동거동락하신 울 엄마는 여전히 안색이나 목소리 눈빛 하나로 저를 움직이게 만드시는 고수이십니다.

어머니는 반려식물과 함께하신 햇수로 봐서 20~30배 그 이상의 더 많은 지혜를 품고 계실 테니, 삶의 지혜나 자식들에게 해주고 싶은 말씀들을 틈틈이 노트에 적어 두시라고 이번 생신 때도 말씀드렸지만 손에 힘이 없어 못쓰겠다고 하시더군요.

아마도 제가 막연히 느끼고 있는 것이거나 제가 모르는 더 깊은 뜻이 있으리라 생각합니다.

코로나-19의 사회적 거리두기로 인해 "식물에게 배우다"를 비록 출판하지 못했지만 식물을 엄청 좋아하시는 육 남매의 우리 어머니 92세 생신 선물로 존경과 사랑을 담아 큰소리로 읽어드렸더니 중간 중간 긍정의 격앙된 목소리에서 밝은 기운이 느껴지고, 읽는 내내 어머니의 환한 웃음을 볼 수 있어 무지무지 행복했습니다.

어머니께 있어서 반려식물은 묵묵히 기다리는 삶의 지혜와 인자함을 주신 것 같고 제겐 사고의 유연성을 가르쳐 주었습니다.

내일은 식물에게 또 어떤 것들을 배우게 될지 기대하면서 마음에 드는 토분을 사기 위해 가을 옷 장만하기를 포기합니다.

초록 꽃봉오리

두 아들 군대 보내고 코로나-19 정부재난지원금을 받아 주로 식재료만 사다 보니 갑자기 서글픈 생각이 들었습니다.

착한 소비에 참여하기 위해 지하철 비어있는 상가의 임시화원에서 큰 기대 없이 모종 포트에 담긴 인디고 호접란을 모셔왔습니다.

꽃이 피면 동양란의 그윽한 향기에 비해 양란의 향기는 기억이 안 날 만큼 평소 관심이 적었습니다.

코로나-19의 장기전으로 무엇인가 마음의 환기가 필요한 터라 꽃이 오래가고 화려한 인디고 호접란을 고른 것입니다. 인디고 호접란은 모종 포트 그대로 우리 집 베란다에서 저랑 늦봄에서 여름까지 아침 인사를 나누었습니다.

꽃만 볼 생각으로 모종 포트에서 눈 맞춤을 했었는데 꽃이 지고 난 후에도 넓적한 잎이 생각보다 싱싱한 것이 그냥 방치하기엔 마음에 걸렸습니다. 급히 흙과 토분을 사다 옮겨주었더니 제법 잘 자라 겨울에 꽃봉오리가 다시 맺혔습니다.

한겨울에 꽃봉오리가 맺힌 것이 대견하기에 자꾸 들여다보다가 갑자기 꽃봉오리가 초록색이라는 것이 눈에 들어왔습니다.

초록 줄기에 초록 꽃봉오리리라.

다른 꽃봉오리들도 초록색일까 문득 별것이 다 궁금해지기 시작했습니다.

감꽃과 오렌지 재스민, 브룬펠시아 재스민은 초록색 꽃받침에 폭 싸여 초록 꽃봉오리처럼 보이지만, 인디고 호접란은 초록 꽃받침도 없이 분홍과 보라, 노란색이 아름답게 잘 어우러진 꽃이 피며 꽃 어디에도 초록색을 찾아볼 수 없으나 초록 꽃봉오리입니다.

하지만 분홍 호접란은 꽃봉오리도 분홍색이고 꽃대마저도 분홍빛이 감돌았습니다. 그러니 모든 꽃봉오리가 초록색은 아닙니다.

유난히 꽃을 좋아해 수십 년간 꽃이 피면 코를 들이대고 꽃향기를 맡으며 즐겼었지만 그 꽃이 피기 전 꽃봉오리에 대한 관심은 무심코 지나친 적이 많았던 것 같습니다.

인디고 호접란의 초록 꽃봉오리를 보면서 활짝 피어난 아름다운 꽃잎에만 현혹되었던 점을 반성하면서, 나는 결과 위주가 아닌 목표 달성 이전의 고민과 노력하고 애쓴 과정을 얼마나 이해해 주고 알아봐 주는 사람이었나를 돌이켜 보면서, 어떠한 상황에서나 교육 계획 등을 세울 때라도 이러한 점들을 챙기고 보완해 넣어야겠다는 생각을 하게 되었습니다.

이제는 초록 봉오리 속에 아름다운 꽃잎들과 씨방 수술, 꽃가루와 향기 등이 형형색색 응축되어 개화를 꿈꾸고 있음을 알기에 바라보는 시선이 더욱 애틋하고 사랑스러울 것입니다.

식물에게 감성적으로 배우기

오렌지 재스민

오렌지 재스민 꽃이 피었습니다.

우리들 마음도 활짝 폈습니다.

오렌지 재스민 꽃향기가 퍼집니다.

우리들 마음도 향기로 물듭니다.

오렌지 재스민 꽃이 지고 초록 열매가 맺혔습니다.

우리들 마음도 초록초록 싱싱해집니다.

오렌지 재스민 열매가 붉어집니다.

우리들 마음도 훈훈해집니다.

오렌지 재스민 열매가 익어갑니다.

우리들 마음도 유연해집니다.
오렌지 재스민 열매가 점점 커집니다.
우리들 마음도 굵어집니다.

오렌지재스민 열매가 오렌지색이 아닙니다.
우리들 마음도 앵두같이 붉은 열매처럼 뜨거워집니다.
오렌지 재스민 빨간 열매가 갈라집니다.
우리들 마음도 숙성됩니다.

오렌지 재스민 씨앗이 흙 속에 묻힙니다.
우리들 마음에도 꿈의 씨앗을 묻었습니다.
오렌지 재스민 씨앗에서 다시 싹이 틉니다.
우리들 마음에도 희망이 돋아납니다.

　잎도 작고 꽃도 매우 작은 오렌지 재스민이지만 꽃이 자주 피고 향기가 짙을 뿐만 아니라 열매도 많이 달리는 실속 있고 당찬 식물이라는 생각이 들었습니다.
　다른 식물에 비해 물을 줄 때 찐득찐득한 잎까지 씻겨 내려가도록 흠뻑 줘야 하기에 거실에서 키우기가 조금 번거롭긴 하지만 매력적인 식물입니다.
　어린 묘목을 데려와 4년 정도 키우니 오렌지 재스민 줄기가 굵어지면서 흰색으로 변합니다. 초록 잎들 속에서 미끈하게 뻗은 하얀 줄기가 햇살을 받아 돋보이게 빛납니다.

오렌지 향기가 나서 오렌지 재스민이라고 한다지만 아직 저는 오렌지 향기를 맡지 못했습니다.

열매를 억지로 갈라볼 수는 없는 일이고 자연적으로 오렌지 향을 맡을 수 있는 날을 기다리는 재미도 솔솔 합니다.

때론 왼손 엄지 검지로 찐득찐득한 지저분한 잎을 살짝 문지르면서 물을 부어 씻어내고 나면 잡념도 씻어 내린 듯 개운합니다.

오렌지 재스민에게 물을 주면서 마음도 씻게 되는 마음의 정화 방법을 찾습니다.

꽃이 피면 열매가 맺는 것이 자연의 섭리이거늘, 꽃이 시도 때도 없이 자주 피었기에 오렌지 재스민은 꽃향기를 즐기는 식물인 줄로만 알았습니다.

처음 키워보는 터라 잘 몰랐기에 처음 3년 정도는 열매가 달린 줄도 모르고 꽃이 지고 난 후 물을 줄 때 마구 다루거나 추운 베란다에서 키웠더니 열매가 맺혔어도 자라지 못했었나 봅니다.

어느 날 굵은 초록 열매가 맺혀있는 것을 발견한 후부터 좀 더 애정을 갖고 지켜보니 아주 작고 하얀 오렌지 재스민 꽃이 지고 난 자리에 육안으로 거의 볼 수 없을 정도의 크기인 열매가 초록색 줄기에 맺혀 점점 초록 열매가 커졌습니다.

햇살 수분 온도 환기 등 모든 생육 조건이 잘 맞으니 초록 열매가 점점 커지면서 붉은 오렌지빛으로 변했습니다.

열매가 붉은색으로 변했으니 완전히 익었다고 생각했으나 신기하게도 붉은 열매는 두 달 이상 더욱 붉게 익어가면서 크기도 점점 커지는 것이었습니다.

드디어 오렌지 재스민 열매가 완전히 익어 말랑해졌기에 한 알을 따서 손가락으로 뭉개보았더니 과육과 씨앗의 분리가 쉬웠으며 오렌지 향기는커녕 풀 냄새 비슷한 향이 났습니다.

이 작은 열매 한 알에 수분의 양이 어찌나 많은지 손가락과 종이에 흡수된 양 말고도 영수증 종이 위에 흥건할 정도로 넓적한 물방울이 보였습니다. 이 씨앗은 반으로 쪼개서 흙에 심었습니다.

이렇게 오렌지 재스민의 열매 익는 과정을 지켜보면서 붉은 열매가 설익은 열매였으며 완전히 성숙된 열매로 자라려면 좀 더 오랜 시간이 필요한 것처럼 두 아들도 성인이라고 판단했던 것이 오판일 수도 있겠다는 생각이 들었으며 미성숙에서 성숙의 과정을 두려면 좀 더 오랫동안 자숙의 시간이 필요하겠다는 점을 미루어 짐작할 수 있었습니다.

따라서 마음을 바꿔 조바심내지 말고 적당한 거리에서 꾸준히 애정을 갖고 격려와 사랑을 보내야겠다는 결심을 해봅니다.

식물에게 감성적으로 배우기

화분에
물 주기

주루룩 주루우룩 두둑두둑

뽀글보글 짜작 자작자작 자

화분에 물 내려가는 소리랍니다.

굵은 모래알과 마사토를 섞은 흙으로 덮은 오렌지 재스민이 자
라는 화분의 겉흙이 마를 때 물을 주면 나는 소리입니다. 제가 올
겨울 제일 좋아하는 소리랍니다.

요즘은 이 소리에 꽂혀 자꾸 물을 주고 싶지만 지나침은 모자
람만 못하다는 과유불급이 살면서 참으로 느껴지기에 자중하는
중입니다.

굵은 앵두만 한 크기로 자란 빨간 열매가 녹색 잎 사이사이를 비집고 나와 매일 저를 유혹합니다.

작은 녹색 잎과 잎의 한두 배 정도 큰 빨간색 열매들이 대조를 이루어 보색대비의 색조감에 바라볼수록 마치 제가 만든 작품인 양 흐뭇합니다.

처음에는 잎보다 빨간 열매가 더 컸으나 빨간 열매가 점점 커질수록 초록 잎 면적도 점점 커져 열매의 네다섯 배 정도 큰 잎으로 자라는 것을 보고 신기했습니다. 다른 식물들의 잎과 비교하면 여전히 작은 오렌지 재스민 잎이지만 열매와 비교했을 때 자라는 속도를 말씀드리는 겁니다.

한 알 뚝 따서 입에 넣고 싶지만 관상용 식물이라 먹을 수 없는 식물일 뿐만 아니라 만약 식용이더라도 4년 만에 만난 빨갛게 익은 열매라 아까워서 못 먹을 것 같습니다.

이렇게 식물과 벗하면서 싱싱한 식물들이 발산하는 생동감 있는 색의 오묘한 느낌을 사진 기술이 발전했어도 모두 담지 못하고 있다는 것을 확인하게 됩니다.

앞으론 상업적 수단으로 만들어진 인위적인 색에 현혹되어 낭비하지 말고 생명의 기운이 담긴 자연친화적인 색감에 관심을 갖고 가치를 부여하며 선택해야겠다는 생각의 발전도 자연을 보고 배웁니다.

식물에게 감성적으로 배우기

몬스테라 새잎

몬스테라가 또다시 새잎을 돋아내려고 안간힘을 쓰고 있습니다.

열한 잎의 가족들은 새 식구를 맞이하기 위해 넓은 공간을 만드느라 분주하게 움직이는 듯합니다.

화분 왼쪽의 커다란 잎 두 장은 땅에 닿을 것처럼 내려와 있고 잎들의 균형이 깨져서 바라보는 제 마음도 어수선해졌습니다.

특단의 조치가 필요한 것 같아 아직은 쌀쌀한 밤에 거실 온도를 높이고 물을 평소보다 자주 주었습니다.

예상했던 대로 제 응원 속에서 드디어 다른 잎들보다 빠른 속도로 중접시만 한 커다란 잎이 펼쳐져서 열두 장의 몬스테라 잎들이 다시 보기 좋게 균형을 잡아 바라볼수록 흐뭇했습니다.

몬스테라의 새로 나온 잎과 바로 전에 나온 어미 잎이 대조되어 자꾸만 바라보게 됩니다. 연한 연둣빛과 진한 초록빛의 커다란 두 잎이 나란히 서서 눈길을 사로잡는데 두 몬스테라 잎은 같은 듯하나 분명히 다릅니다.

닮은 듯 서로 다른 두 잎을 보면서 많은 생각을 하게 됩니다.

사람도 그러합니다.

반짝반짝 빛나는 새잎처럼 생각이 빛나는 사람이 있고 진하고 튼튼한 어미 잎처럼 생각이 곧고 안정된 사람도 있습니다.

갓 피어난 여린 잎처럼 보호해야 할 사람과 보호본능을 일으키는 사람도 있습니다.

갓 피어난 중접시만 한 잎과 특대접시만 한 어미 잎이 있듯이 각자 사람마다 생각의 크기도 다릅니다.

얼핏 보면 비슷하게 생겼으나 열두 장의 몬스테라 잎들을 자세히 들여다보면 각각의 잎 모양이나 잎의 크기가 서로 다르고 심지어는 몬스테라 잎에 나있는 구멍이나 잎맥의 굵기와 잎의 굴곡도 다르게 생겼습니다.

하물며 사람들은 키뿐만 아니라 눈, 코, 입이 확실하게 다른 차이가 드러나니 얼마나 각자의 개성이 뚜렷하고 생각의 차이도 클지 미루어 짐작하기 쉬울 것입니다.

완전히 자란 잎은 어미 잎보다 더 크며 열두 장의 잎 중에서도 가장 돋보이게 큽니다.

이러한 몬스테라 새잎을 바라보면서 오늘도 우리는 각자의 다

름을 인정하고 서로 존중하면서 살아가야겠다는 생각을 하게 됩
니다.

어머나!
이런 일이!

분갈이해 둔 브룬펠시어 재스민이 너무 웃자라는 것 같아 처음으로 과감하게 가지를 세 개나 잘라 뿌리를 내리려고 꽃병에 꽂아두었습니다.

뿌리 쪽으로 양분이 가야 뿌리가 빨리 내릴 것으로 기대하는 마음에서 커다란 잎은 모두 따버리고 강 선생님께서 손수 빚어 구워주신 아끼는 도자기 꽃병에 물을 부어 담가두었습니다.

꽃병에서도 새순이 여러 장 돋아나고 진드기가 생겨 두 차례 목욕을 시켜 꽂아두고 지켜보고 있는 중에 어느 날 잎 부분에 이상한 조짐이 있어 말라 죽으려나 보다 하고 지레짐작으로 실패를 예감하고 있었습니다.

그런데 오늘 아침에 우연히 발견한 뽀글뽀글 올라온 보라색 작은 꽃봉오리! 보는 순간이 감동이었습니다.

　이렇게 열악한 환경 속에서도 꽃을 피우다니 내일 지구가 멸망하더라도 한 그루의 사과나무를 심겠다고 했던 스피노자의 철학을 조금은 이해할 수 있는 값진 순간이었습니다.

　베란다에 있는 브룬펠시어 재스민 화분은 매일 환기를 시키면서 꽃향기 풍길 날을 손꼽아 기다리고 있었는데 전혀 예상치 못한 곳에서 먼저 만나다니 그 기쁨은 이루 말할 수 없을 정도입니다.

　만일 도자기 꽃병이 아닌 공기가 통하지 않는 유리 꽃병에 꽂아두었다면 과연 이렇게 빨리 꽃을 피울 수 있었을까 궁금해지기도 합니다.

　물속에서 뿌리를 내리면서도 부지런히 꽃을 피우는 재스민처럼, 코로나-19로 지친 마음을 다잡고 꽃을 피우는 심정으로 열심히 식물에게 지식과 지혜를 배워 마음의 수양을 쌓아야겠다는 생각을 했습니다.

향기의
시각화와 수치화

　약속도 없었는데 2021년 올해도 어김없이 우리 집 봄의 전령사 브룬펠시어 재스민이 꽃을 피워 위로를 받습니다.

　처음엔 한 잎 두 잎 보랏빛 꽃잎들이 단아하게 보이더니 이제는 나뭇가지의 여기저기 구석구석까지 흐드러지게 피어 몸과 마음의 긴장을 함께 풀어주면서 정신까지 흡족하도록 넉넉해져, 흐드러지게 만듭니다.

　재스민 꽃향기에 취해서 3일 동안은 글도 쓰지 않고 그냥 세월아 네월아 하면서 허송세월을 보냈을 만큼 올해는 맘껏 향기를 즐기고 있습니다.

　작년 이맘때는 한꺼번에 두 아들 군대에 보내놓고 혼자서 자칫 코로나-19로 인한 우울증이나 빈집 증후군에 걸릴 수도 있었을 텐데 브룬펠시어 재스민 향기에 휩싸인 덕분에 다행하게도 마음의 병이 번잡할 수 없었습니다.

지난봄 너무나 달콤하고 사랑스러운 향기를 혼자서 누리는 것이 미안했고 사랑하는 두 아들이랑 친구들과 브룬펠시어 재스민 향기를 함께 맡을 수 없어 안타까웠었는데 모두 제대해 올해는 한결 가벼운 마음으로 향기를 즐길 수 있게 되었습니다.

올봄에는 작년 8월에 제대한 아들과 브룬펠시어 재스민 향기를 함께 맡을 수 있어서 좋았고 5일 후면 제대하는 아들과도 함께 재스민 향기를 맡을 수 있을 것 같아 더욱 들뜬 마음으로 폐 깊숙이 향기를 들이마시고 있답니다.

어서 코로나-19가 진정되어서 내년에는 브룬펠시어 재스민 향기가 물씬 풍기는 봄밤에 친구들을 초대해 모두 함께 홈 파티를 맘껏 즐길 수 있길 기대해 봅니다.

앞으로는 누구에게나 재스민 향기를 보내드릴 수 있을 것 같습니다.

홈쇼핑에서 과일을 구매할 때 소비자가 단맛의 정도를 브릭스라는 단위로 판단하고 직접 맛보지 않아도 미리 단맛을 이해하고 주문할 수 있듯이 향기의 시각화와 수치화가 일본에서 성공했다는 뉴스를 3월 30일에 들었으니 곧 상용화될 수 있다고 생각됩니다.

이제는 제가 제일 좋아하는 치자(케이프 재스민)꽃 향기는 이렇고 오렌지 재스민 향기는 이렇다고 말로 전할 수 있을 것 같고, 향기로 누릴 수 있는 행복을 지인들과 함께 공유할 수 있게 될 것이므로 상상만 해도 정말 행복합니다.

샤넬의 '가드니아' 향수는 치자 꽃의 향기를 바탕으로 만들었다고 합니다. 그러나 아무리 비싸고 좋은 향수라고 해도 살아있는 생명이 발산하는 천연향과는 그 가치에서 비교할 수 없음에 모두 공감하실 겁니다.

저는 손수 분갈이해 주고 물을 주면서 매일 매일 바람과 햇살을 지켜보며 향기의 창조 과정을 함께한 주인공이 되는 기쁨을 수없이 느껴보았습니다.
단순하게 물만 주면 되는 소박한 행위가 식물의 향기라는 멋진 창조 과정의 조력자로서 꽃을 피워 낼 때마다 가장 먼저 첫 향기를 누릴 수 있는 주인공이 될 수 있으므로 이러한 멋진 일을 중단할 수가 없었습니다.

모두 비슷비슷한 갈색 나뭇가지가 또는 초록 잎줄기에서 새하얀, 보랏빛이 아니면 노란 꽃이, 새빨간 색이 나온다는 것을 상상만 해도 신기하고 경이롭습니다.
한 송이 한 송이 피어날 때마다 꽃에게서 느낄 수 있는 향기로운 기쁨과 달콤한 행복감은 그 무엇과도 비교할 수 없을 정도의 아름다운 가치를 부여할 수 있다고 자부하기에 앞으로도 화분에 물을 주는 세상에서 가장 단순한 이 창조적인 작업은 계속될 것 같습니다.

향기의 시각화와 수치화가 가능한 세상이 되어 가고 이제는 무엇이든 생각만 하면 이루어지는 편리한 세상이 되었지만 편리한 만큼 한편으로는 무서운 세상이라는 생각도 떨칠 수 없습니다.

거짓말, 욕심과 미움, 시기와 질투, 증오, 폄하, 싸움, 코로나-19 등 온갖 세상의 허물들을 물씬 풍기고 있는 재스민 꽃향기로 감싸 안아 살며시 밀어냅니다.

사계절 향기
즐기기

　거실과 베란다에서 식물을 키우다 보니 어쩌다 반려식물이 되었고 이제는 식물에게 배우는 단계에 이르렀습니다.

　식물과 함께 보낸 시간들이 더해지다 보니 식물에 대한 단편적 지식과 보편적으로 적용할 수 있는 지식의 구분도 조금 알게 됨으로써 생활의 지혜도 조금씩 쌓이는 듯합니다.

　저도 모르는 사이에 사계절 온 집안에서 향기가 가득한 것이, 살아있는 생명의 꽃향기를 늘 즐기다 보니 생각도 향기로워지는 듯해 우울했던 마음도 생기가 도는 것을 느낄 수 있습니다.

　디퓨저 없이도 사계절 집안에서 꽃향기를 즐길 수 있는 제가 경험한 방법을 공유하고자 합니다.

꽃이 피는 화초나 나무는 집 안과 밖에서 피는 시기가 다를 수도 있습니다만 제 경우는 아파트 거실에서 꽃을 피워 향기를 즐겼던 방법입니다.

식물이 자라는 환경만 잘 맞으면 어떤 화초나 꽃나무들을 1년에 두세 번 정도 꽃이 피기 때문에 예상외로 행복감도 더해집니다.

물을 주는 시기와 양은 식물의 종류에 따라 다르며 저는 대략 일주일에 한두 번 충분히 주었으며, 확실한 것은 어떠한 식물이든 겉흙이 마르면 주어야 합니다.

될 수 있으면 오전 10시경에 물을 주고 적당히 환기도 해주며 햇빛이 잘 비추도록 가끔 화분을 돌려주면 좋습니다.

그러나 저는 식물의 잎 상태를 파악해 필요하다 싶으면 한밤중에도 물을 줬습니다. 듬뿍 물을 주고 아침에 일어나 보면 잎의 가장자리에 달린 물방울들이 이슬처럼 반갑습니다.

공기정화에 좋은 스파트필름 꽃은 사계절 아무 때나 거실에서 피어 매력적이며 스파트필름 꽃 일곱 대가 순차적으로 내뿜는 꽃향기로 3월부터 5월까지는 천연향이 주는 감성테라피가 가능할 것 같습니다.

스파트필름은 한 대의 꽃대가 올라오면 다른 어느 꽃보다도 오래 피어 있고 달콤한 향기도 오래가기 때문에 초보자가 키우기 쉬워 적극 추천하며 향기가 좋은 만큼 꽃가루가 떨어져 가끔 잎이나 바닥을 털거나 닦아 주어야 하는 번거로움이 있습니다.

스파트필름 꽃과 함께 이른 봄 3월 초부터 브룬펠시어 재스민 향기가 더욱 가슴을 설레게 합니다.

브룬펠시어 재스민 꽃잎은 꽃봉오리가 동시다발적으로 맺혀 처음에는 한꺼번에 여러 장이 피어나며 나중엔 하루하루 몇 장씩 소수로 다르게 피어나므로 향기가 마치 봇물 터지듯 밀려와 후각과 시각을 사로잡는 매력적인 꽃입니다.

브룬펠시어 재스민 꽃이 피는 모습을 지켜보고 있노라면 매년 비슷한 시기에 도끼 썩는 줄 모르고 향기를 즐기게 되는 저를 발견하게 되며, 흐드러지게 피었다 지는 화려한 꽃잎에서 인생이 마치 헛된 영화나 덧없는 일장춘몽 같다는 생각이 들곤 합니다.

그러니 브룬펠시어 재스민 꽃이 아낌없이 향기를 나누어 주듯이 더 이상 욕심부리지 말고 비운 마음을 향기로 채우며 곱게 살라고 제 마음을 어루만져 주는 듯한 느낌을 받습니다.

6월과 7월에는 치자나무 꽃향기가 마음을 다스려 줍니다.

치자나무 가지 끝에 순백의 향기가 나는 아이보리색 꽃봉오리가 우아하고 복스럽게 피어나 고고한 향기로 몸과 마음을 어루만져 주므로 치자 꽃이 필 때면 세상 누구보다도 행복한 여인이 된 듯 해 제일 좋아하는 향기입니다.

제가 키우던 치자나무는 11월과 12월에도 마구 치자 꽃을 피워 4년간 저를 사로잡더니 그만 진드기가 붙어 힘겨워하다 시름시름 말라버렸습니다.

이젠 잘 키울 수 있을 것 같아 주문한 토분이 도착하는 대로 화

식물에게 감성적으로 배우기

원에서 미리 봐둔 치자나무를 모셔올 생각입니다.

오렌지 재스민 또한 사시사철 꽃이 피어 달콤한 향기로 마음을 감싸주는 행복 전도사입니다.

작고 조그마한 귀여운 꽃들이 시도 때도 없이 내뿜는 부드러운 향기에 마음도 덩달아 넉넉해지고 부드러워져 자존감이 높아지며 제법 성공한 듯 행복을 느끼게 해줍니다.

마지막으로 제가 키우고 싶은 식물은 좋은 향이라는 뜻의 서향입니다. 서향은 향기가 짙어 천리를 간다 하여 천리향이라고도 한답니다.

해마다 이른 봄이면 춘천 사는 친구의 베란다에 핀 천리향 꽃 사진을 보내와 봄의 첫 꽃소식을 듣곤 했기에 더욱 정감이 가는 꽃이라 꼭 키워보고 싶고 생기 있는 천리향 향기를 직접 맡고 싶은 꽃입니다.

천리향뿐만 아니라 모든 꽃 피는 식물에게 정성과 사랑으로 물을 주고 향기를 상상하면서 꽃이 피기를 기다렸다 직접 맡는 꽃 향기는 연구실에서 향기를 만드는 조향사보다 더 행복한 창조적 작업의 가치를 부여할 수 있기에, 행복을 만드는 가장 쉬운 방법이라는 생각이 들어 꽃이 피기를 기다리는 모든 순간순간을 정말 놓치고 싶지 않습니다.

이렇게 스파트필름, 브룬펠시어 재스민, 치자나무, 오렌지 재스민, 천리향 혹은 만리향만 있으면 향기의 마술사가 될 수 있으며, 1년 내내 세상 어느 누구도 부럽지 않은 천연 향기에 묻혀 향기로운 행복을 느낄 수 있을 것입니다.

제가 직접 키워보고 맡았던 향기가 정말 좋아서 추천하는 위의 식물들보다 좀 더 자연의 향기를 즐기고 싶다면 아파트 정원을 가끔 산책하면서 라일락이나 장미 향기를 즐기시면 더욱 향기로운 시간들을 만들 수 있으며 식물에게 투자하는 시간을 조금만 늘려 부지런해지면 저처럼 향수나 디퓨저를 멀리하시게 될 것입니다.

식물에게 감성적으로 배우기

반려식물에게
배우다

　자의반 타의반에 의해 의식적으로 삶의 쉼표를 찍던 시간에 식물에게 관심이 커졌고 물을 주면서 식물의 매력에 반해 반려식물이 생겼습니다.

　반려식물이 자라는 만큼 제 생각도 자라고 있음을 느꼈고 잎이 넓어지는 만큼 움츠러든 마음도 활짝 펴졌습니다.

　극락조 잎맥의 붉은 색소 만드는 과정을 지켜보면 볼수록 무엇인가 제 핏줄 속에서 꿈틀대는 열정이라는 것을 다시 찾을 수 있게 되었습니다.

　같은 해 두 아들 군대 보내놓고 웃음기 잃어갈 무렵 활짝 피어오른 극락조화 앞에선 넋 놓고 웃고 있었으니 식물은 표정이 굳은 사람들에게 환한 웃음까지 선물로 줍니다.

새의 모양을 닮은 신비한 극락조 꽃이 피고 진자리의 흉측하게 말라 잘려나간 흉터를 보면서 영원한 영광의 자리는 존재하지 않는다는 것과 다시 새로운 꽃을 피우기 위해 꾸준히 물을 주듯이 부모 세대보다 좀 더 발전적인 삶을 위해 일관성 있게 관심과 사랑을 주어야 함도 깨닫게 됩니다.

반려식물 잎의 미세먼지를 닦으면서 오염된 마음도 닦고, 물을 주며 끓어오르는 번뇌도 씻어 내리고, 가끔 꽃향기에 취해 마음도 달콤해지고 미니석류 열매를 따면서 수확의 기쁨도 느꼈습니다.
오렌지 재스민 씨앗을 흙으로 덮으면서 가슴에 희망도 함께 심었습니다.

반려식물과 함께하면서 마음이 안정되니 생각이 단순해지고 정신도 맑아져 판단력이 좋아지고 초 긍정적인 자아를 형성하게 되므로 겉으로 보여지는 삶은 같아 보일지라도 내면에서 느끼는 삶의 질이 예전과 확연하게 차이가 납니다.

새순이 돋아 여러 장의 잎이 한꺼번에 자라는 식물, 새 가지가 왕성하게 뻗어가는 식물, 말라 죽어가는 잎과 폭풍 성장하는 줄기와 잎, 갖가지 다른 향기의 꽃이 피어나는 등 크고 작은 변화들이 매일 일어나고 있는 식물 세계를 가만히 들여다보고 있노라면

식물에게 감성적으로 배우기

사고의 방향도 변화무쌍해지고 시간 가는 줄 모르고 그들의 무한 매력에 빠져들게 됩니다.

코로나-19로 인해 신병 위로 휴가와 포상 휴가 며칠 쓰고, 휴가를 한 번도 쓰지 못해 벌써 다음 달 중순이면 조기 전역한다는 아들 소식이 무척 반가우면서도, 휴가를 기다리고 기다렸는데 '벌써' 전역이라는 생각이 드니 식물 속에 파묻혀 도낏자루 썩는 줄 모르고 있었다는 느낌마저 들어 미안할 정도입니다.

반려식물 덕분에 그리움 대신 몸과 마음을 신선한 공기로 재충전하고 포스트 코로나 시대에 대비해서 우리 모두 함께 잘 살 수 있는 방법을 모색하면서 큰 그림을 그리고 있다는 것만으로도 감사할 일이라는 생각이 듭니다.

집콕 놀이 방콕 놀이가 대세인 줄 알지만 코로나 시대의 개인주의가 만연한 요즘을 생각한다면 아무리 생각해 보아도 미래의 교육은 자연 속에서 뛰어놀며 호연지기와 창의성을 지닌 '우리 모두 함께 잘사는 방법을 먼저 생각하는' 인재상이 주목받을 것이라는 생각을 떨칠 수 없습니다.

이렇듯 자연의 일부분인 식물, 반려식물과 함께하다 보니 좀 더 생각의 폭이 넓어지는 방향성으로 나아가고 있다는 것을 깨닫게 됩니다.

2부

식물에게

지성적으로 배우기

몬스테라에게 배우는
때를 기다릴 줄
알아야 해요

잎에 구불구불 갈라진 무늬가 있고, 유난히 큰 몬스테라 잎은 굵고 긴 줄기의 옆면에서 비스듬히 일어서며 등장합니다. 처음엔 마치 롤 스크린처럼 돌돌 말려 압착된 잎이 줄기 속에 숨어있다가 점점 통통해 지면서 줄기가 배불러지면, 얇은 막에 꽁꽁 싸여 붙어있는 모습처럼 보입니다.

일정 기간이 지나 모태 줄기 한쪽 면 색이 초록에서 연두로 변하면서, 뾰족한 싹이 나와 위로 자람과 동시에 옆으로 천천히 아주 천천히 얇은 막을 찢고 나오기 때문에 몬스테라 새잎이 돋아난 줄기에는 커다랗고 보기 흉한 상처가 마치 얇은 잎이 입술처럼 맞대어 마주 보고 있는 것처럼 남아있답니다.

이 상처는 마치 임산부가 인공분만을 한 것보다 더 큰 흉터로 성인 한 뼘 정도의 얇은 막이 있는데, 사람이 출산하고 나면 배가 불러온 자리의 살이 탄력을 잃고 늘어난 것처럼 녹색의 줄기조직이 얇은 막으로 늘어나 있는 것처럼 보입니다.

이 연둣빛 얇은 막은 처음에는 줄기의 입술처럼 생기 있고 촉촉한 느낌이라 봐줄 만하지만 시간이 흐르면서 점점 누렇게 말라 변색하면서 진한 갈색의 얇은 막이 너덜너덜하게 줄기에 붙어있어 보기 흉해집니다.

그뿐만 아니라 줄기의 입술처럼 보이는 얇은 막이 말라비틀어지면 그 줄기 부분이 훤히 들여다보이는데 그곳의 새잎이 들어있던 줄기는 새잎이 돋아 나오고 나면 그 자리에 휑하니 움푹 파여 들어간 2세 줄기가 자리 잡고 웅크리고 있던 흔적이 남아있습니다.

마르기 전의 처음에 얇은 녹색 막이었을 때는 새잎이 꼭 스크린처럼 옆으로 펼쳐져 나오는 것인 줄만 알고 잎이 돋기를 계속 기다렸는데 지속적인 관찰을 해보니 새잎이 돋아난 자리의 찢어진 흉터였던 겁니다.

정도의 차이는 있겠지만 식물도 동물 못지않은 지혜로움을 간혹 발견하게 됩니다. 제 표현이 미숙하고 서툴러서 모두 전달할 수 없음이 안타깝기도 합니다.

또한 사람이나 식물이나 어린것들은 더욱 사랑스럽고 예쁩니다. 갓 나온 얇고 연한 잎은 윤기가 흐르고 빛이 나며 촉촉해서 설렐 정도로 눈길을 끕니다. 이렇게 반짝반짝 돋보이던 어린잎은 점점 진한 빛깔로 변하면서 주변 잎들과 같아집니다.

작은 어린 연두 잎이 점점 크게 자라 주변 잎과 크기가 같고 동색인 성인 잎이 된 후 일정한 기간이 지나면, 그 성인 잎의 기다란 줄기 아랫부분이 통통하게 굵어지면서 진한 줄기 색이 점점 옅은 녹색으로 변한답니다.

이렇게 대략 손가락 한 뼘 정도 길이의 줄기 색이 점점 옅어 지면서 새로 태어날 잎이 얇은 막으로 싸여있는 것처럼 보입니다. 이것은 마치 줄기에 줄기가 업힌 것처럼 보이지만 줄기가 아니라 잎이랍니다.

3~4일 지나면 얇은 막을 뚫고 거의 흰색에 가까운 새잎이 뾰족한 바늘처럼 2mm 돋아납니다. 이틀 정도 되면 2cm 정도 자라는데 육안으로는 보이지 않지만 스마트폰 카메라로 최대한 확대해서 찍어보면 돌돌 말려있는 잎 모양이 보입니다.

이러한 뾰족한 새잎은 처음엔 줄기에 완전 밀착되어 있다가 서서히 간격이 떨어지며 일어서는 것을 볼 수 있답니다. 마치 나비의 우화를 목격하는 것 같은 신기한 현상이 천천히 아주 천천히 일어납니다.

아마도 기존 줄기와 탄생 잎의 각도가 점차 벌어진다면 그 힘에 의해서 얇은 막이 점점 더 찢어지면서 새잎이 돋아날 것입니다. 아침과 저녁 하루에 확실한 차이를 알 수 있을 정도로 성장 속도가 보입니다.

식물에게 지성적으로 배우기

지금 이 글을 쓰고 있는 중에도 새잎을 탄생시키려고 안간힘을 쓰고 있는지 조금 전까지만 해도 없었던 물방울들이 몬스테라 잎들 여기저기에 대롱대롱 맺혀있는 변화를 1시간 이내에 목격했습니다.

새잎 탄생에 도움이 될까 해서 거실 보일러 온도를 올립니다. 밤이 되어 2.5cm 정도로 자라나온 아이보리색을 띤 돌돌 말린 뾰족한 잎은 점점 진해지면서 아주 연한 연두색을 띱니다.

하룻밤 사이 뾰족한 새싹이 두 배로 자라 줄기와의 간격 차이도 자란 만큼 각도가 벌어져 있답니다.

돌돌 말린 뾰족하고 기다란 잎이 얇은 막에 싸여 줄기에 붙어 있는 현상을 다시 돋보기로 확대해 보면 그물맥 모양의 잎맥 선이 선명하게 보여 마치 명태 알 명란이 얇은 보(膜)에 싸여있을 때 실핏줄이 보이는 것과 비슷한 느낌의 그물맥 모양은 혼자 보기 아까울 정도로 환상적입니다.

이렇게 줄기로부터 돋아나 분리된 새로 탄생한 어린잎은 돌돌 말린 채 꼬깃꼬깃 착착 접혀 붙어있어, 아니 붙어있다 하기보다는 압착되어 있다는 표현이 맞는 것 같습니다.

인간의 힘으론 도저히 불가능한 신의 경지가 느껴지는 부분이 바로 이 어린잎이 꼭꼭 꽉꽉 접혀 있는 신비한 모습입니다.

새로 탄생한 어린잎은 멀리서 보면 줄기처럼 보이지만 자세히 들여다보면 잎가 모서리도 보이고 잎맥의 선명한 무늬도 보입니다.

이러한 잎이 접혀 압착된 채 일주일 정도 자라면 잎과 줄기의 길이가 각각 한 뼘씩 두 뼘 정도 자랍니다. 물론 어미 줄기와 일정한 각도를 유지한 채 분리되어 독립적으로 자랍니다.

더욱 재미있는 것은 주변에 펼쳐져 있던 커다란 엄마 잎들이 양쪽으로 벌어지면서 충분한 자리를 양보해 줬음에도 불구하고 새순은 밤사이에 해를 향해 앞으로 20도 정도 굽어있다는 겁니다.

일주일이 넘었는데도 잎이 펼쳐질 생각은 않고 줄기만 왔다 갔다 하면서 새로운 잎을 펼칠 장소를 물색하고 있는 것이, 마치 새집을 구해 이삿짐을 풀기 전 고민하고 있는 것과 비슷하다는 생각이 듭니다.

이처럼 새잎을 보는 과정은 기다림의 연속입니다.

인큐베이터도 아니고 돌돌 말려 꼬깃꼬깃 압착된 몬스테라 잎은 저렇게 웅크리고 앉아 무슨 생각을 하고 있을까요?

자신이 위에서 커다란 잎을 펼치면 아래층에 살고 있는 가족들의 일조량이 적어질까 봐 배려하는 차원에서 창문을 뚫을 곳을 디자인하고 있는지도 모르겠네요.

미리 계획을 모두 세우고 나서 짠! 하고 나와 마술을 부리듯 일사천리로 커다란 지붕을 얹으려 하나 봅니다.

잎이 모태 줄기에서 완전히 분리된 후 줄기도 함께 자라 일주일이 훨씬 넘어도 잎이 펴지지 않더니, 줄기가 태양을 쫓아 자라면서 완전히 안전한 곳이라고 판단되면, 잎과 줄기가 만나는 부분의 돌돌 말린 잎 뭉치가 줄기에서 마치 엉덩이 들 듯이 살짝 들리면서 뾰족한 잎끝 부분부터 천천히 풀리기 시작합니다.

드디어 끝이 뾰족한 윗부분의 잎이 풀리기 시작한 지 하루가 지나면 줄기와 연결된 부위의 잎도 보조를 맞추어 서서히 풀리기 시작합니다.

이때 잎이 돌돌 말린 방향을 확인할 수 있으며, 줄기를 기준으로 할 때 시계 돌아가는 방향인 오른쪽 방향으로 돌돌 감겨있다는 것을 알 수 있습니다.

식물 생장을 관장하는 신이 있다면 아마도 오른손잡이인가 봅니다. 이렇게 오른쪽으로 잎을 돌돌 말아 도저히 흉내 낼 수 없을 정도로 압착시켜 줄기 속에 넣어뒀으니 말입니다.

아침에 보고 저녁에 다시 보니 돌돌 말린 잎이 제법 풀어져 잎과 잎 사이의 공간이 약간 뜬 상태로, 기존의 압착되어 말려있던 잎보다 지름이 서너 배는 굵어진 채로 둘둘 말려있습니다.

물론 잎에 구멍이 뚫린 무늬랑 실처럼 가늘게 연결된 잎 모양도 육안으로 보입니다.

마치 에센스를 발라놓은 것처럼 촉촉하고 윤기 나는 연두색 어린잎이 둘둘 말려있는 모습은 조물주의 위대한 예술성에 저절로 감탄사가 튀어나올 정도로 그 어느 식물의 잎보다도 특별한 매력이 돋보입니다.

처음에 바로 펴진 어린잎은 얇고 작지만 구불구불 기다란 구멍이 일정한 간격으로 뚫려있습니다.

주변보다 작은 잎은 점점 줄기가 자라면서 잎도 동시에 커지며, 잎맥도 점점 선명하게 보이며 진한 녹색으로 강하게 변해갑니다.

한편 몬스테라의 모태 잎이라고 할 수 있는 제일 처음 나온 가장 밑에 있는 잎들은 처음부터 잎에 구멍이 생기고 갈라져 나오는 것이 아니라 둥근 잎이 나와 일정한 시간이 흐르면 스스로 일정한 간격 없이 구멍이 뚫리거나 잎이 갈라지기도 합니다.

새잎이 돋아났을 때 화분 가장 아랫부분에 있는 어떤 몬스테라 잎은 다른 식물 잎들처럼 잎가가 매끈한 한 덩어리로 붙어있습니다.

잎 아래에 햇빛을 받아야 할 잎이 없기 때문에 잎 자신이 구멍을 뚫어 햇빛을 보낼 필요가 없기 때문이라고 생각됩니다.

어떤 잎은 구멍이 한 개 뚫린 채 수개월을 보내기도 합니다.

얇고 연할 때 갈라지는 시기를 놓치면 두꺼워진 진한 잎은 스스로를 디자인하며 갈라지는 데 어떤 잎은 1년이 넘게 걸릴 정도로 힘들어합니다. 물론 잎의 크기가 자라는 속도도 엄청 늦어 잎도 매우 작습니다.

잎이 구불구불 갈라져 보이지만 몬스테라 잎 가장자리는 처음에 하나의 녹색 끈으로 서로 연결되어 있습니다. 조그만 흔들림에도 끊어질 정도로 볼펜 글씨 굵기 같은 가는 선으로 잎이 연결되어 있었습니다.

엄밀히 표현하면 처음 잎에 구멍이 뚫렸다가 잎 가장자리 연결

끈이 끊어지면서 평평하던 몬스테라 잎이 구불구불해지므로 잎의 기다란 구멍도 구불구불한 무늬로 보이게 된다고 할 수 있습니다.

  늦은 밤 화분에 물을 듬뿍 주고 잔 다음 날이면 커다란 몬스테라 잎 가장자리에 이슬처럼 물방울이 맺혀있는 현상을 발견할 수 있었습니다. 물론 마룻바닥 위에도 잎의 증산작용으로 이슬이 맺혀 떨어진 물방울들이 여기저기 보입니다.

  따라서 몬스테라는 물을 너무 많이 주지 말고 적당히 줄 필요가 있답니다. 처음엔 이슬 같은 물방울들이 아름답고 신기하게만 느껴졌는데 몇 달을 자세히 관찰해 보니 이 물방울의 무게감이 잎에 치명적인 영향을 주고 있다는 새로운 사실을 알게 되었습니다. 물방울의 무게감으로 인해 실처럼 가느다란 연결고리가 끊어지면서 다림질해 놓은 듯 가지런하고 평평하던 커다란 잎이 울퉁불퉁 자유로워진다는 것을 알았습니다.

  볼펜 글씨 굵기 같은 가는 잎 선의 역할이 잎의 균형을 유지하고 팽팽하게 조임으로써 잎이 갈라지는 구멍 간격을 원만히 할 수 있으며 구불구불 해지지 않도록 잎을 평평하게 유지하는 매우 중요한 역할을 한다는 것도 알 수 있었습니다.

  몬스테라 잎이 워낙 크기 때문에 잎이 갈라지면 아래로 쳐질 수 있는 경우의 수를 줄이기 위한 식물 스스로의 적응 능력으로 유추해 보면서도 놀라울 뿐입니다.

이러한 사실을 알게 된 후, 전 요즘은 될 수 있는 한 광합성작용이 활발한 시간에 물을 주려고 노력하고 있답니다. 활발한 증산작용으로 인해 잎 가장자리에 물방울이 맺히지 않고 바로 수증기로 배출할 수 있도록 말입니다.

이렇게 새롭게 알게 된 사실들이 한 뿌리에서 나와 자라고 있는 잎들의 경우가 각각 다르기 때문에 일반화시킬 수 있는 결과는 아니지만 제겐 놀라운 특별한 사실의 발견이었답니다.

이러한 몬스테라에 대한 새로운 생각의 변화는 관심을 갖고 가까이서 자세히 보아야 인식할 수 있는 사실들이랍니다.

한 장의 몬스테라 잎이 돋아나 커다란 잎을 펼치고 자리 잡기까지는 길고 긴 여정입니다. 누군가에겐 짧은 시간이 될 수도 있겠지만 곁에서 지켜본 저는 몹시 긴 시간으로 느껴졌답니다.

이처럼 식물을 기른다는 것은 자식을 키우는 것처럼 기다림의 연습이며 기다림의 연속인 것 같습니다. 몬스테라는 이러한 새잎의 탄생을 몸으로 보여주며 꼬인 것들은 서두르지 말고 자연스럽게 때를 기다릴 줄 알아야 원만히 풀려 평평하고 매끈한 잎처럼 해결된다고 말해줍니다. 몬스테라가 보여주는 몸짓언어에서는 "때를 기다릴 줄 알아야 해요."를 배웁니다.

식물이나 동물이나 속도의 차이일 뿐 탄생의 신비는 큰 감동을 줍니다.

모두 오랜 시간이 필요한 산고의 여정입니다. 궁금해도 참고 기다리는 수밖에 별도리가 없습니다.

　오랜 기다림 끝에 몬스테라 탄생 잎과의 만남은 마치 제가 산파가 되어 행복한 순간을 만들어 낸 것처럼 뿌듯한 설레는 행복입니다.

　한 뿌리에서 나고 자란 잎들인데 잎 크기도 잎 모양도 모두 각각 다른 개성 있는 몬스테라 가족입니다. 이러한 몬스테라 잎들은 새 가족을 맞이하기 위해 기다리는 동안 스스로 잎줄기를 옆으로 눕히면서 편안하게 새잎이 자랄 자리를 알아서 마련합니다.

　커다란 몬스테라 잎은 한꺼번에 동시에 나오지 않고, 한 잎이 나오면 그 줄기가 자라나 다시 그곳에서 새잎이 돋는답니다. 먼저 나온 잎이 오른쪽으로 뻗어 나온다면 그다음은 오른쪽으로 뻗은 줄기 위에서 왼쪽으로 뻗어나는 잎을 볼 수 있습니다.

　이렇게 오른쪽 왼쪽 오른쪽 왼쪽을 교차적으로 반복해 튼튼한 줄기가 뻗어 나가면서 층층이 위로 높이 자라지만 스스로 균형을 유지하면서 자라기 때문에 안정감이 느껴집니다.

　먼저 나온 줄기 밑이 아닌 위에서 자란, 즉 부모 위에서 자란 새잎들은 더 크고 더 멋진 자태로 빛나 청출어람을 보는 듯 뿌듯합니다.

　이것도 모자라 유난히 큰 몬스테라 잎이 위로 올라가면 갈수록 층층이 자란 줄기에서 뿌리가 돋아나 땅에 박히려고 애를 씁니다. 커다란 잎이 일고여덟 장으로 식구가 늘어나면 쓰러지지 않도록 좀 더 튼튼한 버팀목이 필요하겠지요.

이것을 극복하기 위한 자구책으로 줄기가 있는 공중에서 뿌리가 돋아나 벽이나 흙을 찾아가는 기이한 상황을 목격하게 되는 것이라는 생각이 듭니다. 쉽게 표현하자면 수개월 동안 공중에서 뿌리가 자라는 것을 우리가 볼 수 있는 것입니다. 허공에서 뿌리를 내려 균형을 맞추나 봅니다.

오늘도 거실의 몬스테라 잎 일곱 가족은 또 다른 가족을 만나기 위해 뿌리를 내리면서 함께 땀 흘리고 있답니다. 저는 곁에서 가끔 숨죽이며 다가가 바라보면서 기다리는 것밖엔 달리해 줄 것이 없습니다.

다른 식물들도 마찬가지이겠지만 둥글둥글 몬스테라 가족은 3~4대가 모여 사는 것보다 9~10대 아니 11대가 층층이 함께 배려하며 사는 모습이 더욱 멋지고 점점 더 아름다운 자태에 매료되어 감동으로 다가옵니다.

한 장 한 장의 잎을 탄생시키기 위한 몬스테라의 힘겨운 노력을 지켜보면서 문득 뉴스에서 보았던 몬스테라보다도 못한 비정한 부성애 모성애와 비교가 되어 저절로 탄식이 나옵니다.

이렇게 길게 써야 할 만큼 많은 몸짓언어를 보여주는 몬스테라에게서 때를 기다릴 줄 아는 기다림의 미학과 가족사랑 방법을 깨우칩니다.

재스민 꽃잎에게 배우는
보이는 것이
전부가 아니랍니다

어릴 적 하얀 도화지에 또는 연습장에 무심코 그렸던 단순한 꽃 그림 추억은 누구나 간직하고 있을 겁니다. 만일 없다면 지금 당장 연습장에, 칠판에, 메모지에, 땅 위에, 모래 위에 그려보세요. 펜이 없으면 손가락으로라도 그려보세요.

도화지에, 연습장에, 창가에 입김을 불어가며 수없이 그렸던 추억 속의 꽃이 바로 부룬펠시아 재스민이었다는 걸, 부끄럽지만 재스민을 키운 지 1년 만에 알아차림 했습니다.

수년간 재스민 차를 마셔왔고 꽃향기에 취해 수없이 코를 들이 댔었건만 정작 꽃잎엔 무관심했던 것 같습니다.

'아, 내가 그렸던 그렇게 단순한 꽃이 정말 존재했었구나!'

너무나 단순해서 한참을 들여다보는데, 부룬펠시아 재스민 꽃잎이 제게 속삭입니다.

"사람들이 나를 신의 선물이라고 해."
향기가 정말 좋습니다.
향기에 이끌려 함께 있으면 자꾸 바라보게 됩니다.
꽃향기를 맡으면 머리가 맑아지는 것 같고 기분이 좋아집니다.

"눈에 보이는 것만이 전부는 아니란다."
다섯 개의 반원들이 모여 얇은 색종이 꽃처럼 펼쳐져 있고 가운데는 보일 듯 말 듯 매우 작은 구멍 하나가 덩그러니 있으니 단순해도 보통 단순한 것이 아닌걸요.
위에서 얼핏 보면 꽃잎 다섯 장인 갈래꽃처럼 보이지만, 자세히 보면 다섯 장의 꽃잎이 하나로 연결되어 있어 꽃잎 한 장인 통꽃이더군요.

"난 단순하지 않아. 겉으론 단순해 보이지만 있을 건 다 있단다."
달려가 서랍 깊숙이 넣어두었던, 박사 논문 쓸 때 회화를 자세히 관찰하기 위해 사용했던 커다란 돋보기를 꺼내 와서 확대해 봤습니다.
부룬펠시아 재스민 꽃잎 가운데 작은 구멍 속에는 진노랑 연노랑 색의 크고 작은 암술 수술들이 가득 들어있었습니다.
교육대학교 과학실에서 달개비(닭의장풀) 꽃 수술을 현미경으로 관찰할 때 맛보았던 황홀하리만큼 아름다웠던 샛노란 세상이, 그 조그맣고 단순한 구멍 속에 펼쳐있을 줄이야…….

"날 좀 더 자세히 봐주렴."

부룬펠시아 재스민 꽃잎은 처음엔 아주 작고 통통한 초록색 꽃받침에 싸여 봉오리로 며칠 있다가, 초록 꽃받침이 살짝 열리면 검은색 점에 가까운 짙은 보라색 꽃봉오리가 큰 점처럼 보입니다.

볼록한 꽃받침 속에서 보라색 꽃대가 쏘옥 올라오면서 함께 연결되어 있는 울퉁불퉁 뽀글뽀글하게 생긴 작은 꽃봉오리가 보입니다.

분꽃보다 가느다랗고 길쭉한 보랏빛 꽃대는 꽃봉오리 길이와 거의 비슷하며, 처음엔 꽃대가 조금 조금씩 자라다 위로 올라오면서 꽃봉오리도 함께 조금씩 커지면서 짙은 보라 꽃빛깔이 점차 옅어집니다.

한 장의 꽃잎을 젖히고 뒤를 보면 꽃잎과 연결된 보랏빛 꽃대가 보이고, 그 아래 연결된 길쭉한 배불뚝이 타원형의 특이한 초록 꽃받침이 보이며, 그 아래 꽃받침대가 잎과 잎 사이에 붙어있는 순으로 결코 단순한 꽃이 아니었습니다.

타원형 꽃받침은 매우 가느다란 꽃대를 감싸고 있는 것으로 보아 꽃대를 보호하는 임무를 수행 중인 것 같습니다.

부룬펠시아 재스민이 잎과 잎 사이에서 꽃이 핀다는 사실도 꽃잎을 손으로 젖혀 관찰한 후에야 처음 알았습니다. 그래서 잎사

귀 위에 꽃잎이 올라앉은 것처럼 보였나 봅니다.

꽃받침이 유난히 억세서 꽃잎을 받쳐 주긴 하지만, 꽃받침에 비해 꽃잎이 크기 때문에 잎사귀가 꽃잎 모양을 받쳐 주는 거나 마찬가지인 것처럼 보였습니다.

"날 보면서 뭐 생각나는 거 없니?"

"바람 불면 훨훨 날아갈 것만 같아요."

향기가 달아날까 봐 베란다 문 열어놓을까 말까 망설인 적도 있습니다. 가늘고 긴 꽃잎대가 성장을 멈추고 꽃잎이 활짝 펴지면, 무성한 초록 잎 위에 얇고 진한 보랏빛 꽃잎 한 장이 가볍게 살포시 내려앉은 듯한 느낌이 드는 꽃이랍니다.

부룬펠시아 재스민 꽃잎은 활짝 피었다 질 때도 아름답습니다.

짙은 보라색 꽃잎이 점점 엷은 보라색으로 변해가면서 마침내 흰색이 됩니다. 이때 꽃받침도 제법 자라있답니다.

짙은 보라 꽃잎이 엷어지면서 꽃잎 색깔이 사라지는 것처럼 꽃향기도 사라질까 궁금했으나 하얀 꽃잎에서도 짙은 향기가 느껴지는 걸 보니 정말 신비한 신의 선물인 것 같습니다.

싱싱한 흰색 꽃잎이 여러 날 지속되며 서서히 뒤로 젖혀지면서 좀 더 커 보이는 느낌이 들다가 시들지만 지는 꽃도 흉해 보이지 않아서 더욱 매력 있는 꽃이랍니다.

갓 피었을 때 위에서 내려다본 꽃잎 모양은 정말 단순하지만

식물에게 지성적으로 배우기

가운데 원을 중심으로 잎 면에 주름이 지면서 마치 다섯 장의 갈래꽃처럼 보이도록 단조롭지 않게 착시 효과를 주는 지혜로운 꽃이라는 생각이 듭니다.

계속 꽃이 피고 지기를 반복하니까 우리는 진보라, 보라, 연보라, 흰색, 얼룩무늬 등 대여섯 가지 다양한 색상의 꽃잎들을 동시에 볼 수 있었기 때문에 화려하고 다양하게 보였을 수도 있으며, 그동안 단순하단 걸 느끼지 못한 것일 수도 있겠다는 생각이 듭니다.

암술 수술은 부끄러워 모두 꽃잎 대에 감추고 한 장의 꽃잎만으로도 충분히 사람들을 매료시키고 신의 선물이라 불리는 만큼 사랑받는 비결을 알고 싶어지네요.

마지막 재스민 꽃잎은 우리 민족이 좋아하는 색깔인 흰색으로 생을 마감합니다. 마치 처음부터 하얀 꽃잎이 피었던 것처럼 초록 잎 위에 하얀 꽃들이 장관을 이룹니다.

꽃잎이 시들 때는 꽃잎이 뒤로 확 젖혀지며 꽃받침을 감쌀 정도로 펴진 채 마릅니다.

꽃잎이 한 장이며 매우 얇은 데는 이유가 있습니다. 재스민 꽃잎이 말라 쪼그라드니 부피가 확 줄어 목련 꽃잎 질 때처럼 추하지도 않고 부피가 더욱 작아져 떨어지는 꽃잎마저도 사랑스럽고 마른 꽃잎은 비교적 깔끔해 떨어진 꽃잎을 치우기도 편리합니다.

꽃잎이 마르면 재스민 꽃대와 함께 매우 작은 튤립 꽃봉오리처럼 봉긋한 초록 꽃받침이 등장합니다. 꽃잎이 지고 난 후 꽃받침

속의 꽃대에서는 향기가 나지 않고 풀냄새처럼 싱그러운 냄새가 납니다.

이렇게 다른 식물들과 달리 예쁘고 튼튼한 꽃받침이 존재하는 이유도 분명 있을 거라고 생각합니다. 좀 더 지켜보면 알 수 있을 겁니다. 식물을 키우다 보면 이런 궁금증이 생겨 생각하게 되므로 사고력도 좋아집니다.

1년 후 다시 재스민 꽃이 피었다 지는 모습을 자세히 관찰했더니 확실한 것은 아니지만 다음과 같은 생각을 할 수 있었습니다.

튼튼한 재스민 꽃받침이 존재하는 이유는 유난히 얇고 가벼운 재스민 꽃잎이 마르면 잎이나 가지에 딱 들러붙어 무척 보기 흉해질 텐데 마른 꽃잎에 무게감이 더해져 땅바닥이나 화분 속으로 똑똑 떨어지기 쉽도록 다른 꽃받침들보다 튼튼하고 무겁게 생겼을 것이라는 겁니다. 실제로 수많은 꽃잎이 피고 진 곳 치고는 비교적 깨끗한 잎과 줄기를 볼 수 있습니다.

이처럼 재스민 꽃잎이 피고 지는 과정 속에서 단순한 것 같지만 단순하지 않은 삶, 단순함 속의 다양한 삶이 존재하며 관심만 있다면 궁금증에 대한 몸짓언어를 읽을 수 있답니다.

이렇게 눈에 보이는 것이 전부가 아니라는 걸 알아갑니다. 그러나 이 깊은 의미를 우리가 깨닫기에는 시간이 좀 걸릴 것 같기도 합니다.

저도 삶을 좀 더 단순화시켜서 살아봐야 할 것 같습니다. 삶 자체가 결코 단순할 수 없으므로 생각만이라도 단순화시켜 살아봐야 할 것 같습니다.

눈에 보이는 재스민의 꽃잎 모양은 단순하지만 수십 송이가 시간 차를 두고 피어나 같은 시간대에 각각의 색상으로 피어있다가 마지막 순간에는 모두 순백의 하얀 옷을 갈아입고 앉아 생을 마감하는 꽃잎 색깔의 다양성이 주는 시사점을 인식하면서 말입니다.

"눈에 보이는 것만이 전부가 아니란다." 재스민 꽃잎이 속삭입니다.

오늘도 재스민에게 보이지 않는 그 무엇인가를 생각하게 되는, 의미까지 생각해 보게 되는 삶의 지혜를 배웁니다.

대파로
배웁니다

졸업한 지 30년 만에 만난 여자중학교 친구와 함께 국립극장에서 연극도 보고 설봉공원 벚꽃도 즐기면서 꿈꿔 왔던 시간적 호사를 누리던 어느 늦은 봄날, 아니 초여름에 가까운 날씨였던 것으로 기억됩니다.

이천 사는 친구가 손수 기른 유기농 대파를 자동차 트렁크에 싣고 달려왔습니다. 친구는 빨리 먹으라고 했지만 금방 밭에서 뽑아왔기 때문에 뿌리 흙도 마르지 않은 너무나 싱싱한 파였기에 키워보고 싶은 욕심이 생겼습니다.

가끔 가을에 시어머니께서 비료 포대에 넣어 보내주시면 윗부분을 똑똑 잘라 먹었으며 겨우내 움파를 길러 봄까지 먹을 수 있었기에 대파의 생명력을 익히 알고 있었답니다.

　친구가 준 대파 끝에 간간이 작은 꽃봉오리가 보이길래 갑자기 대파를 심어 씨앗을 받아 보고 싶었습니다. 아이를 낳아 길러보니 문득문득 자랄수록 닮아가는 유전자의 신비함에 끌리고 있었던 터라 대파 씨를 심으면 실파가 나올까 대파가 될까 호기심이 발동했습니다.

　앞으로 해마다 베란다 농사를 지을 생각으로 기다란 플라스틱 직사각형 화분을 두 개나 사면서 버킷리스트 하나를 이룰 수 있는 기회가 왔다고 좋아했답니다.

　흙은 그동안 소량으로 사다가 화분에 관상용 식물을 키우는 데 사용했지만 식용 식물을 심는 경우는 처음일 뿐만 아니라 상품으로 파는 흙은 어떤 성분이 들어있을지 모르고 대량이 필요하므로 남편에게 부탁해 80kg 정도 공수해 왔습니다.

　무식하면 용감하다고 나중에 분갈이용 화분 사러 농원에 가보니 흙도 대량으로 팔고 있어, 멀리서 흙을 끌고 오느라 고생한 남편에게 미안한 생각이 들었습니다.

　우여곡절 끝에 대파를 베란다 화분에 일정한 간격으로 나란히 줄을 맞추어 두 줄로 심었습니다. 매끈하고 통통한 하얀 줄기에 회색빛이 감도는 푸른 대파가 제법 매력적인 관상식물처럼 보였으며, 처음엔 뽑아 먹기도 아까웠습니다.

　바라만 봐도 행복한 마음이었고 남향이라 일조량이 풍부한 베란다 온도는 식물이 자라기에 좋은 조건이라서 대파 꽃은 바로 활짝 피어 씨앗이 맺히는 것 같았습니다.

환기도 자주 시켜주고 물도 주며 지켜보던 행복감은 어디로 가고 며칠 후 대파 냄새가 온 집안에 진동해 코를 찌르니, 안방에서 베란다 나가는 문이랑 베란다에서 거실 들어오는 문을 꼭 닫고 살 수밖에 없었답니다.

그래도 어렵게 시작한 일이니 끝을 보고 싶어 냄새에 예민한 제 고통은 뒷전이었고 윗집 아주머니 파 냄새 맡으실까 봐 문 여실 때 제가 닫으면서 환기를 시켜야 하는 등 은근히 마음고생이 심했습니다.

여기서 끝난 것이 아니라 농사에 무지가 부른 참사현장은 심각했습니다. 파 냄새가 심해 슬슬 피하다 며칠 후 베란다에 나갔더니 수십 마리 나방들이 베란다 벽 여기저기 딱 붙어있는데 미처 생각지도 못한 상황에 징그러워 몸이 근질근질한 느낌이었습니다.

다른 화분에도 붙어있고 바닥에 죽은 나방시체인지 살아 붙어 있는 것인지 판단이 안 되기에 잠시 고민하다 망이 달린 창문까지 열어젖히고 수건을 휘둘러도 나가지 않고 사방에 정신없이 날아다니고 있어 난감했습니다.

할 수 없이 의자 위에 올라가 천장에 붙은 나방들을 떼어버려야 했습니다. 덕분에 하얀 페인트 위에 나방 얼룩이 검게 묻어 사다리에 올라서서 물휴지로 닦아내야 하는 수고로움까지 겪어야 했답니다.

그날로 대파 씨앗 받기는 포기하고 모두 뽑았습니다. 대파가 꽃이 피니 억세져서 반찬에 넣어 먹긴 싫기에 말린 표고버섯 무와 함께 대파를 한꺼번에 넣고 끓인 채소 수(水)를 만들었습니다.

하루살이인지 나방인지 벌레들을 퇴치하고도 계속 대파 냄새가 나는 것 같아 틈만 나면 베란다 문을 열어 놓았지만 냄새가 오래갔습니다.

농사를 지어 채소를 자급자족하고 있는 친구는 경험상 대파에 나방 알들이 있다는 것을 알고 빨리 먹으라고 했나 봅니다. 그러나 전 아직도 깨끗하고 싱싱하기만 한 대파 어디에 유충들이 있었는지 감도 못 잡겠습니다.

이렇게 뭘 모르면 몸이 고생한다는 것을 실감하게 됩니다. 평생 배워도 모자라는 것 같습니다. 웃어야 할지 울어야 할지 모를, 웃기면서 슬픈 추억 하나 소환했습니다.

가만히 생각해 보면 대파를 기른 나방 참사는 비록 베란다 농사의 흑 역사가 되겠지만, 눈에 보이는 것이 전부가 아니라는 깊고 깊은 뜻을 두 눈으로 쉽게 배울 수 있는 참교육의 현장이었음을 부인할 수가 없답니다.

'백문이 불여일견'이라고 '백 번 듣는 것이 한 번 보는 것만 못하다.'라는 속담처럼 전혀 눈에 보이지 않았고 예상 밖이었던 나방 참사를 직접 눈으로 확인하고 나니, '눈에 보이는 것이 전부가 아니다.'라는 의미가 더욱 선명하게 다가옵니다.

여러분들도 어떤 사물 뒤에 무엇이 존재할까, 보이지 않는 그 무엇이 있을까를 한 번쯤 생각해 보고 눈에 보이는 것이 전부가 아니라는 의미를 알 수 있다면 좀 더 지혜로운 삶을 살아갈 수 있을 것이라는 생각이 듭니다.

눈에 보이는 것이 전부가 아니라고 나방의 소란을 대파가 보여주네요. 이렇게 우리는 흔히 볼 수 있는 대파에게서 조차 삶의 지혜를 찾을 수 있는 철학적 사고를 배웁니다.

얼마 전 아카데미 여우조연상을 받아 최근 화제가 되고 있는 영화 '미나리'에서 외할머니가 손자에게 해주는 말이 너무나 공감되고 가슴에 와서 닿았습니다.
짧은 예고편에서 뱀을 쫓아내려는 손자에게 위험한 건 눈에 보이는 게 나으니 내버려 두라고 말합니다.
"보이는 게 안 보이는 것보다 나은 거야. 숨어있는 것이 더 무서운 거란다."
삶의 연륜이 묻어나는 이 말에서 할머니의 지혜로움을 읽을 수 있었으며, 보이는 게 전부가 아니라는 대파 소동으로 배우는 제 몸짓언어에 힘을 실어주는 말이기도 해서 짧은 순간에 유독 뭉클했나 봅니다.

또한 그 많고 많은 채소 중에 척박한 땅 어디서나 잘 자라는 미나리 씨앗을 선택해 미국으로 갖고 갔던 순자 할머니가 얼마나 지혜로운 분인지를 대변해 주는 말이기도 했으며, 물을 끌어오기 위해 큰 대출까지 감수하는 사위의 노력과 물가에 뿌려놓기만 하면 저절로 잘 자라는 할머니의 미나리가 너무나 대조되어 보였습니다.

어디서나 적응을 잘하고 어떤 음식물과도 잘 어울리는 미나리처럼 온 가족이 미국 이민 생활을 잘 적응해 살아갈 거라는 영화 시나리오의 결말을 제 마음대로 추측해 해피엔딩을 상상해 봅니다.

코로나-19 안정될 때까지 기다릴 것이 아니라 어느 하루 날 잡아 온가족이 집에서 '미나리' 영화를 봐야겠습니다.

부드러운 것이
강한 것을
이긴답니다

여러 다양한 종류의 식물을 장기간 키우다 보면 많은 것을 생각하게 되고 확산적 사고를 하게 되어 예전보다 마음의 여유가 생기는 것 같습니다.

잎 모양끼리 분류해 보고 꽃을 색깔별 향기별로 분류해 보며, 줄기는 물론 가지도 서로 비교해 보게 되어 살아있는 공부를 하게 되었답니다.

똑같은 식물을 키우면서 같은 시간을 보내더라도, 목적이 있고 없고의 차이나 생각이 있고 없고의 차이는 분명하게 나타납니다. 목적에 따라 식물에게서 배우는 지식이나 지혜의 양도 무궁무진합니다.

미니석류나무 4~5년 정도 화분에 자란 나뭇가지는 가늘어 잎과 꽃이 피었어도 옮길 때 혹시나 부러질까 봐 조심히 다루어야 합니다. 1년 정도 자란 가지는 더욱 가늘어 살짝만 건드려도 부서질 것 같은 느낌이라 더욱 조심합니다. 한번 부러진 가지는 영영 돌이킬 수 없는 이별이니까요.

가지마루는 새로 난 가지에 잎이 많이 붙어있어도 구부리면 꺾이지 않고 휘어집니다. 이렇게 휘어지는 나뭇가지는 꺾어서 흙이나 물속에 꽂아두면 뿌리가 내려 잘 자라는 생명력이 강한 특성이 있다는 것을 경험으로 터득했습니다.

이러한 특성을 살려 분재를 만들 수 있어서 사람들에게 오랫동안 사랑을 받나 봅니다.

사람도 가지마루처럼 부드럽고 휘어질 줄 알아야, 때로는 고개를 숙일 줄 알아야 사랑을 많이 받을 수 있겠다는 생각도 잠시 해보았답니다.

극락조 꽃이 피고 난 후 꽃대를 자르려고 안간힘을 써도 쉽지 않았습니다.

재단용 큰 가위, 문구용 커터 칼, 면도칼 등을 사용해 보았지만 너무 굵고 질겨 아파트 목요장터에서 기계로 갈아온 부엌용 큰 칼로 겨우 자를 수 있었답니다.

자르고 난 꽃대를 보니 물관 체관 등의 구멍이 보였어도 수수깡보다 두껍고 질긴 대로 구성되어 있었으며, 겉으로 보기엔 초록색 대라 연할 것이라 여겼던 제 판단 부족이었습니다.

스파트필름 잎줄기도 구부리면 휘어지고, 스킨답서스 줄기도 화분을 빙글빙글 돌려가며 키울 수 있을 정도로 부드럽게 휘어집니다. 이러한 부드러운 줄기 식물들은 딱딱한 나뭇가지에 비해서 생명력이 왕성할 뿐만 아니라 생명력이 강합니다.

힘을 가했을 때 휘어지기는 해도 잘 꺾이지는 않습니다. 외부로부터 힘을 받아 잘리더라도 흙이나 물만 닿으면 말라죽지 않고 생명력을 이어 가는 것을 볼 수 있습니다.

저도 식물의 부드러운 줄기의 힘을 닮아야겠다는 생각을 했습니다. 식물이 꺾이지 않고 휘어져서 생명을 유지하는 것을 보면서 우리는 식물에게서 부드러운 것이 강한 것을 이긴다는 속삭임을 듣습니다.

어느 날 여인초가 커다란 잎 무게를 버티지 못하고 스스로 부러져 꽃병에 꽂았습니다.

며칠 후 창밖의 바람이 불어와 극락조 잎 두 대도 부러져 한 대는 스키폴대로 받침목을 만들어 주고 다른 한 대는 잘라 꽃병에 꽂았습니다.

극락조는 여인초와 비교할 수 없을 정도로 잎과 줄기가 두껍고 튼튼하므로 오래 살 거라는 예상은 빗나갔습니다. 늦게 꽂아 둔 극락조 잎은 여전히 꿋꿋한데 여인초 잎은 꽃병에서 시름시름 시들어 거의 말라죽을 것만 같기에, 면도칼로 두 대의 줄기를 비스듬히 잘라 다시 꽂아주었습니다.

여인초는 다시 살아나서 예전보다 더 싱싱하게 아직도 여전히 살아있으나 그렇게 튼튼하던 극락조 잎은 점점 불그레하게 변하더니 나중엔 너저분한 갈색조로 변하며 생명력을 잃어갔습니다.

두 달이 지난 지금도 부드럽고 연한 여인초 잎은 건강미를 뿜내고 있는데 3일 전부터 극락조 잎은 꽃병에 없습니다.

식물의 이러한 현상으로 볼 때 굳이 도덕경을 읽지 않더라도 우리는 '이유극강'의 깊은 의미를 알 수 있게 됩니다.

"부드러운 것이 강한 것을 이기고, 부드러운 것이 억센 것을 이긴답니다."

이처럼 우리는 식물에게서 부드러운 것이 강하다는 의미를 배웁니다.

식물은
감성지능을
자극해요

건조한 삶에 식물 몇 그루 키우면 촉촉하고 윤택한 삶을 만들어 가는 윤활유 역할을 합니다.

저는 스스로 '소소한 행복지기'라는 닉네임으로 활동한 적이 있답니다. 주로 저랑 함께하는 식물들의 꽃과 열매 등을 소재로 사진을 찍고 글을 쓰는 작업을 3년 정도 했더니 저도 모르는 사이에 행복하게 웃고 있었습니다.

삶의 질적 향상을 위한 내면의 성숙을 위해 식물만큼 좋은 친구는 없다고 감히 장담합니다. 기대 그 이상의 소통을 맛보게 될 겁니다.

처음엔 오렌지 재스민이나 다육이 같은 작은 식물부터 기르기 시작해 식물에 대해 하나하나 알아가는 기쁨을 맛보신 후 점차 키 큰 식물을 곁에 두면 부담 없이 식물과 친해질 수 있답니다.

전 세계가 코로나-19로 전쟁을 치르고 있는 요즘, 부룬펠시아 재스민의 짙은 향기가 온 집안에 가득한 기쁨 속에서 극락조 여인초 몬스테라를 바라보며 차 한 잔의 여유를 즐길 수 있는 것이 유일한 즐거움입니다.

TV에서는 연일 우울증 극복과 면역력 증진을 위한 방법으로 음식 운동 영양제 등을 권유하고 있지만 뭐니 뭐니 해도 정서적 안정을 위해선 식물 가꾸기가 최고의 선물인 것 같습니다.

코로나-19로 온 국민이 힘들어하는데 저 혼자만 스파트필름꽃, 미니석류꽃, 재스민 꽃 속에 파묻혀 행복을 이야기한다는 것이 뭣하지만 식물을 키우는 기쁨을 두 배 세 배로 나누는 것도 제가 할 수 있는 사회적 역할일 것 같아 고민 끝에 용기를 내어 경험담을 엮기로 결정한 이유 중의 하나입니다.

열 길 물속은 알아도 한 길 사람 속은 모른다는 속담처럼 때로는 자신의 감정도 잘 모르면서 어떻게 자신과 타인의 감정을 잘 인지하고 통제해서, 어떻게 사고하고 행동할 것인지 좋은 결정을 내리기란 쉽지 않을 거라 생각합니다.

이러한 의미에서 감정지수(EQ)와 '나홀로족'이 증가하는 추세의 상관관계도 인간의 행복을 추구하는 연구문제로 생각해 볼만한 주제인 것 같습니다.

자기 인식, 자기 제어, 의욕, 공감, 사회적 능력을 감성지수의 핵심요소로 볼 때 인간이 행복하게 살아가는 데 꼭 필요한 것이 감성지능이라 생각됩니다.

감성지능은 인간이 성장하면서 익히는 능력으로 사회적 연륜이 쌓이면 좋겠지만 반드시 연륜과 비례해서 감성지능이 발달하는 것은 아니며, 실제 적용이나 활용에 있어서도 긴 시간의 연습이 필요합니다.

사람에 따라 감성지능의 발달이 평생 걸릴 수도 있고, 감성지능 교육을 쉽게 받을 수도 없으니 비교적 단기간에 눈으로 결과가 보이고 서로 교감하고 소통할 수 있는 식물 키우기를 추천하는 이유가 여기 있습니다.

식물은 소리 없이 조용히 감성지능을 자극합니다. 말없이 감정을 몸짓언어로 표현하고 있는 식물을 바라보고 생각하고 식물의 상태를 체크하며 물이나 거름 햇빛 공기의 양을 조절해 제공해 주노라면 어느새 식물의 마음을 읽게 되어 배려심과 식물을 잘 키울 수 있다는 자신감이 듭니다.

식물을 키우면서 장기 혹은 단기간의 성공과 실패의 반복을 통해 식물을 배려하는 마음과 소통할 수 있는 능력이 쌓이게 되며, 이것이 수년간 지속적으로 훈련되면, 식물과의 공감이 확신으로 바뀌어 감성지능에 자극을 받게 되고, 식물로부터 얻은 자신감은 사람과의 배려와 공감으로 연결되어 의욕적인 삶으로 긍정적 변화를 경험하게 됩니다.

식물에게 지성적으로 배우기

사회적 동물인 인간이 타인의 감정을 이해하는 능력인 감성지능이 발달한다면 삶을 살아가는데 꽃길을 걸을 수 있는 확률이 높아질 것입니다. 타인의 아픔도 배려할 수 있는 성숙한 삶이 될 수 있기 때문입니다.

　동물은 키우다 실패하면 병이 들거나 죽음으로 연결돼 오랜 시간 함께 고통받고 힘들지만 식물의 실패는 거의 없을뿐더러 물 또는 거름을 주는 등 비교적 짧은 시간에 처치할 수 있고 빠른 효과를 볼 수 있을 뿐만 아니라 적은 노력에 비해 식물이 베풀어 주는 선물은 무궁무진합니다.

　동물은 나이가 들면 들수록 늙어 가지만, 식물은 시간이 흐르면 흐를수록 더욱 멋있어지고 아낌없이 나누어줘도 시간이 지나면 또 채워지는 마술 같은 능력이 있답니다.

　자신이 손수 키운 식물에게서 열매를 따서, 발아시켜 자라나 예쁜 꽃과 향기를 느끼고 다시 열매 맺는 과정을 반복하면서 수년간 쌓인 신뢰는 동반자로서 손색이 없는, 절친한 친구이자 스승이 될 수도 있더군요.

　여러분들도 저처럼 식물이 주는 선물 같은 시간의 행복을 맛보셨으면 좋겠습니다. 식물의 몸짓언어가 주는 행복한 경험의 진정성이 느껴졌으면 정말 좋겠습니다.

　식물은 사람처럼 밥 달라 보채지도 않고 그냥 곁에서 묵묵히 바라봐 주고 기다려 줍니다. 가끔 물만 적당히 주면 생기가 돌고 요즘은 물을 스스로 빨아들일 수 있는 화분도 발명되어 오랜 시간 여행을 다녀와도 부담이 없답니다.

　슬픔을 나누면 반으로 줄지만 기쁨을 나누면 배로 늘어난다는 명언을 실천하기 쉬운 방법이 바로 식물 기르기란 걸 경험으로 터득했습니다.

　제가 이 글을 쓰고 있는 것도 식물 기르는 기쁨을 두 배로 나누기 위한 실천적 증거입니다. 식물은 씨앗을 발아시키기, 포기나누기, 꺾꽂이, 휘묻이, 수경재배 등으로 쉽게 개체 수를 늘릴 수 있기 때문에 더욱 매력 있는 친구랍니다.

　멋진 관상용 잎이나 꽃이 아름다운, 혹은 매혹적인 향기를 뿜는 식물을 직접 키워 이웃과 소중한 친구나 부모님께 선물한다면 남다른 의미의 뿌듯함도 느낄 수 있을 겁니다.

　애지중지 정성껏 가꾼 식물을 누군가에게 나누어 주고 공유한다는 것은 쉽지 않은 일이며, 식물 나눔을 실천하면 보이지 않는 끈으로 연결된 느낌으로, 식물이야기로 소통되는 순간 끈끈한 유대감이 형성됩니다.

　식물은 밤새 자고 일어나면 꽃이 피어있고, 몬스테라의 경우 잠시 외출 다녀온 사이에 먼저 나온 잎을 떠받치고 있던 새잎 줄기가 비스듬히 누워 새로운 공간을 버젓이 차지하고 만세 부르고 있는 등 스스로 알아서 척척 잘 살아내고 있습니다.

　아마도 식물들은 혼자 있는 것을 즐기는 것 같습니다. 아무도 안 보는 곳에서 몰래 꽃이 피고 몰래 줄기가 쑥쑥 자라니까요. 이렇게 식물은 밤새 몰래 피어나 우리에게 아침 일찍 향기로 이벤트를 해주기도 합니다.

부디 여러분들도 식물로부터 감성지능을 자극받는 행복하고도 다양한 경험을 해보시기 바랍니다.

아픈 실패는
문제해결력
증진에 좋아요

지난 늦여름 계절을 느끼고 싶어 모란시장을 갔더니 벌써 국화가 계절을 앞서가고 있었습니다.

베란다 빈 화분들을 무엇으로 채울까 고민할 필요도 없이 그곳에서 가장 크고 소담스럽게 핀 노란색 국화 대형과 중형 화분 두 개를 모셔왔습니다.

작은 국화 송이들이 앙증맞게 모여있어 정겹게 느껴지는 노란 소국을 꼭 키워보고 싶었던 터라 다른 사람들이 채가기 전에 서둘러 가장 마음에 드는 것으로 간택했습니다.

잘 키우다가 아버지 산소에 가져다 심어 드리면 좋겠다 싶어 제일 좋으면서 값비싼 소국을 선택했던 것입니다.

꽃을 오래 보려고 송이송이 몽글몽글 봉오리들로만 모셔왔는

식물에게 지성적으로 배우기

데 소국이 스트레스를 받는지 잘 피지 않기에 친정에서 가져온 재활용품인 특대형 화분에다, 소국 화분 두 개를 합쳐 심었더니 더욱 풍성한 느낌의 노란 소국이 진한 갈색 화분과도 잘 어울려 부자가 된 듯 뿌듯했답니다.

소국은 새 화분에 잘 적응하며 활짝 피어나 향기도 그윽하게 뿜어내며 은은한 매력을 한껏 발산하고 있었습니다. 저 또한 매일 아침 국화와 눈 맞추며 향기에 반해 외출도 줄일 정도로 행복했습니다.

그러던 어느 날 초인종이 울리고 소독하는 아주머니의 탐스러운 국화를 향한 감탄사와 함께 베란다 하수구에 소독약을 뿌리고 가신 날부터, 소국은 시름시름 하더니 끝내는 누렇게 말라버리는 슬픈 일이 벌어졌습니다.

아파트 전체가 소독하는 날이니 얼마나 지독한 스트레스를 받았을까 생각하면서 자주 환기시킬 목적으로 문 열어줄 생각만 했지 하수구 막아 줄 생각은 미처 하지 못했던 것입니다.

어차피 국화는 시간이 지나면 시들겠지만 아파트 베란다 하수구 바로 옆에 소국 화분을 두었다는 미안함, 다른 곳으로 살짝 끌어다 놓았더라면 하는 후회도 해봤지만 이미 때는 늦었고, 뒤늦은 수습으로 하수구 구멍을 위생봉투 비닐 한 장으로 덮고 철망을 올려놓아 막아버렸습니다.

지름 10cm 정도 되는 하수구 구멍을 막았더니 벌레가 올라올 걱정도 없고 보송보송한 느낌의 쾌적한 환경으로 바뀌어, 부룬펠시아 재스민 향기로 가득 찬 베란다에 카펫을 깔고 앉아 창밖에 펼쳐진 봄꽃들의 향연을 맘껏 즐기는 호사를 누리고 있답니다.

더욱더 생각의 폭을 넓혀 화장실 바닥 하수구도 위생봉투 반장으로 막아 고인 물 냄새나 담배 냄새 올라오는 문제를 차단하였고 윗집 물 흐르는 소리도 조금 완화된 듯 들립니다.

소독으로 비록 소국 기르기는 실패했지만 실패에 그치지 않고 호텔 화장실처럼 보송보송한 건식으로 사용할 수 있는 것도 식물을 기르면서 소소하게 발생 한 문제해결 과정을 통해 일반적인 생활 문제해결까지 연결해 생각할 수 있는 능력이 길러졌다고 생각됩니다.

어르신들께서 학교에서 많이 배우지 못하셨지만 지혜로우시고 시아버님께서 다년간 농사를 통해 농업에서 최고의 전문가가 되셨기에 제가 존경하는 것처럼 식물을 가꾸면 식물은 몸짓언어로 책보다 더 깊은 지식과 지혜를 주는 것 같습니다.

식물과 벗하며 글을 쓰다 보니 식물을 키우면 문제해결력도 증진된다는 사실도 터득하게 됩니다.

피어보지도 못한 채 말라 죽어버린 국화꽃을 생각하면 미안하고 슬프지만 실패는 성공의 어머니라는 뜻을 이해할 수 있는 소중한 경험이 되었습니다.

소국의 몸짓언어가 들리는 듯합니다.

"아픈 실패는 문제해결력 증진에 좋아요. 너무 슬퍼하지 마세요."

"제 죽음이 헛되지 않았어요. 저로 인해 고질적인 문제였던 하수구 구멍을 통해 올라오는 악취를 막을 수 있었잖아요."

식물에게 지성적으로 배우기

"아마도 다세대 주택이나 아파트 베란다에 공동으로 연결된 하수구 구멍을 쉽게 열고 막을 수 있는 자동 뚜껑을 세련된 색상과 디자인으로 만들어 판다면 대박 날 거예요."

이렇게 작은 꽃, 소국에게도 배웁니다.

나중에 안 일이지만 벌써 화장실 하수구에 올라오는 냄새를 막는 뚜껑이 개발되어 시중에 유통되고 있습니다.

가슴 아픈 실패는
문제해결력 증진에
정말 좋아요

처음엔 싹이 난 감자만 심으려 했는데 일이 커져 남편이 갖다 준 흙으로 성내천 벚꽃놀이 후 고향 후배가 사준 상추, 치커리, 로메인 상추, 고추 모종과 함께 가지, 방울토마토, 청양고추 모종을 추가로 사다 정성껏 심었습니다.

모아둔 화분을 재활용하고 베란다 텃밭용 기다란 화분도 두 개 사다가 나중에 친구가 준 대파도 심었습니다.

봄부터 여름까지 열심히 베란다 창문을 열어놓고 물을 주었더니 꽃이 피고 열매가 달리기 시작했으며 드디어 베란다 가득 무럭무럭 자라는 먹거리 채소들로 인해 처음엔 뿌듯했었답니다.

베란다가 제가 꿈꾸던 초록 세상이 되어 바라보기만 해도 흐뭇

식물에게 지성적으로 배우기

했습니다.

 방울토마토는 하루가 다르게 쑥쑥 자라 자꾸 쓰러지기에 그림 그릴 때 쓰던 이젤을 세워 줄기를 얹어 주고 끈으로 연결해 묶어 주었습니다.
 이젤 위에서 잎이 무성하게 자라 노란 꽃이 곳곳에 피어나고 초록 잎과 같은 초록 방울토마토가 맺혀 빨갛게 익어가는 것이, 매일 매일 한 폭의 수채화 80호를 보는 것처럼 행복했습니다. 마치 제가 직접 그린 작품이 완성되어 베란다에 걸어놓고 감상하고 있는 느낌이었습니다.

 방울토마토 가지치기도 청곡 친구와 통화하며 배워서 난생처음 해봤습니다. 무성하게 자라는 기쁨을 준 가지를 막상 잘라버리려니 마음이 약해져 자꾸 머뭇거리게 됩니다.
 가지치기 한 줄기에서도 풋풋한 방울토마토 냄새가 난다는 단순한 사실도 제겐 오랜 시간을 투자해 경험으로 배운 무엇보다도 귀하고 신선한 지식이 됩니다.
 새로운 사실을 알아내고, 알게 된다는 것은 정말 신나는 일입니다.

 앙증맞은 하얀 고추 꽃이 핀 고추 대는 덩그러니 키만 자라고 있어 가끔 흙을 긁어 북돋아 주었고, 제법 잎이 넓적하게 자란 보라색 가지 꽃은 샛노란 꽃술과 어울려 어찌나 예쁘던지 지금도 눈에 선합니다.

그렇게 정성을 들였건만 달린 고추는 클 생각이 전혀 없고 탐스러운 가지가 주렁주렁 맺혀있어야 할 가지는 열매도 맺지 못한 채 시름시름 잎이 말라가고 있으며, 대파 꽃은 나방이 여기저기 날아다니는 소동으로 이어지는데 휴!

나중에 화분 정리를 하면서 가지 대를 잡고 마른 뿌리를 화분에서 뽑아내려 하는데 어찌나 가시가 억세던지 손가락이 찔려 고생 고생하다가 코팅장갑을 사다 끼고서야 겨우 뽑아 정리할 수 있었습니다.

아기 손가락 같은 청양고추 세 개, 새끼손가락만 한 풋고추 다섯 개, 상추 치커리 로메인은 샐러드용 새싹 두 접시, 빨간 방울토마토 다섯 개, 달랑 이것이 수확물의 전부랍니다.

정성껏 가꾸었지만 노동 기간과 땀의 대가로는 형편없이 실패한 교통비와 코팅장갑 텃밭용 화분과 모종 등등 비용도 건지지 못한 대흉작이었습니다.

여러 개의 화분 정리와 물이 고여 얼룩진 받침 닦기, 베란다 물청소까지 고생을 사서하고, 시골에선 두엄 밭에 쌓아 썩혀 퇴비로 만들면 좋을 식물의 마른 가지와 잎, 뿌리까지 흙을 살살 털어내고 종량제 봉투에 담아 버려야 할 때는 제 자신이 어찌나 한심하던지, 가슴 아픈 실패한 추억이 되었습니다.

베란다 봄여름 농사의 실패 요인은 처음 달린 고추는 따주어

식물에게 지성적으로 배우기

야 더 많이 달린다는데 기본도 몰랐던 저의 무지와 함께 역시 남편이 공수해 준 영양부족의 모래흙 덕분이었으며, 사다 놓은 거름이 있긴 하지만 식용작물이기에 조금 찝찝한 마음이 들어 흙과 섞지 않고 그냥 식물을 심었던 것이 열매가 자라고 익기엔 역부족이었나 봅니다.

비록 못 먹더라도 거름을 넣어 키웠더라면 튼실한 관상용 열매를 볼 수 있었을 거라는 반성과 함께 신선한 먹거리 키워보겠다고 욕심낸 것을 후회하면서 얻은 결론은 '때론 욕심이나 마음을 비우면 다른 것으로 채워진다.'는 지혜를 터득하게 되었습니다.

배보다 배꼽이 더 크다는 속담처럼 실속 없이 힘들기만 했던 베란다 농사의 로망은 깨졌지만 원 없이 식용식물을 키워봤기에 더 이상 농사에 대한 미련과 후회는 없습니다. 잃은 것보다 얻은 것이 더 많으니까요.

"아픈 실패는 문제해결력 증진에 정말 좋아요."
"실패는 성공의 어머니랍니다."
종량제 봉투 속 말라버린 식물들의 몸짓언어가 합창으로 들립니다.

다시 베란다 농사를 짓는다면 풍작을 기대해 볼 수 있겠지만 식용식물이 불행할 것 같아 베란다 농사는 접는 것이 현명한 판단이라 생각합니다. 스트레스받으며 자란 채소나 열매가 몸에 좋을 리 없을 테니까요.

여러 종류의 식물을 심었으니 속삭임이 아니라 합창으로 들리는 듯했고 베란다 농사 흉작이라는 대실패라서 가슴 아픈 실패이긴 하지만 농민들이 퇴비 대신 비료를 주는 이유도 이젠 쉽게 이해가 됩니다.

가슴 아픈 실패는 문제해결력 증진에 정말 좋다고 식물들이 합창을 합니다.

비료를 쓰지 않겠다는 아집이 대흉작이라는 결과로 이어져 '실패는 성공의 어머니'라는 명언도 재확인하면서 소중한 지혜를 배웁니다.

거름 부족이라는 원인을 알았으니 화초를 그냥 심을 수 없어 양양의 좋은 흙을 청곡 친구에게 얻어 와서 모래흙과 거름을 혼합한 후, 국화꽃 화분 두 개를 모아서 특대형 화분 가득 풍성하게 심었더니 베란다가 다시 환해졌습니다.

국화 꽃향기 맡으러 매일 국화 화분 앞에 발길이 머물렀던 짧지만 행복한 시간이었습니다.

이렇게 실패 요인을 보완해 성공한 만족감은 오래가지는 못했습니다. 아파트 단지 내에서 하수구 소독하던 날, 국화꽃이 가장 화려하게 피었던 순간에 독한 소독약으로 인해 그만 시름시름 말라버렸거든요.

제 로망이 베란다 정원을 만들어 식물을 키우며 녹색 숲속에

식물에게 지성적으로 배우기

앉아 가끔 차 한 잔 마시며 독서로 여유를 즐기는 것입니다. 아직은 여건이 안 돼 참고 있지만 실현 가능성이 보입니다.

제가 꿈꾸는 세상은 녹색 세상, 초록 세상이랍니다. 식물이 자랄 수 있는 곳, 제가 사는 어디에나 초록 숲이 되고 초록 정원이 되는 꿈을 꾼답니다.

아파트나 건물 옥상에도 모두 식물을 심도록 대도시의 지자체에서 식물지원 기금을 마련했으면 좋겠습니다. 대도시 각 가정의 지붕이 미니 정원으로 가꾸어진다면 여름엔 시원하고 겨울엔 따뜻한 실내 온도 유지가 될 것이므로 장기적으로 보면 난방비 절약은 물론 지구 온난화 방지를 위한 좋은 정책이 될 것입니다.

삭막한 회색 도시가 아닌 녹색 도시에서 식물과 가까이 교감할 수 있다면 사람들의 마음도 지금보다 훨씬 안정되고 편안해질 것입니다.

녹색 식물 곁에서 사람들이 휴식을 즐기면서 삶을 영위할 수 있다면 안정되고 편안한 마음에서 정서적 안정을 누리면서 삶의 질이 향상될 것이고, 지붕의 정원화로 인한 건축기술 관련 일자리와 문화 콘텐츠 사업이나 지적 생산 활동도 증가할 수 있으리라 기대됩니다.

만일 식물에게 배우는 제 베란다 농사의 실패 글이 건물 옥상의 텃밭이나 정원 만들기 운동으로 전개된다면 지구 온난화 문제 해결을 위한 노력, 도심의 공기 질 향상 효과 등 이거야말로 실패가 문제해결력 증진에 효과적이었다는 대박 난 결과가 될 수 있을 것입니다.

✿

✿

✿

식물에게 지성적으로 배우기

몸짓언어를
알아차림 하는 과정은
창의성 발달 과정

저는 식물에 대한 사전 지식 없이 그냥 무조건 마음에 드는 식물을 골라 키워보는 것을 권장합니다.

성공보다는 실패에서 오는 경험이 생각의 변화가 크고 더욱 값지며 확산적 사고력도 좋아져 창의성 발달을 도모할 수 있습니다.

식물에 대한 선행지식이 없어도 키우면서 하나하나 생각해 보고 찾아보고 실천해 보는 과정, 그 과정 자체만으로 성취감을 자주 느낄 수 있기 때문에 오히려 인지발달 과정에는 식물의 선행지식 없이 시작하는 것이 효과적일 수 있습니다.

썩은 뿌리를 과감히 잘라내고 분갈이에서 뿌리와 엉겨 붙은 흙을 털어내야 할지 그대로 둘지의 판단력이나 결단력 등이 필요하며, 어떤 화분이 식물 모양이나 꽃 색깔과 잘 어울릴까 고민하는 가운데, 크게 드러나진 않지만 색감이나 디자인 감각에 긍정적 영향을 미칠 것입니다.

무엇인가 관심을 갖고 집중할 수 있는 대상이 있다는 것만으로도 좋은 일이며, 식물 키우기는 마음의 안정과 치유까지도 생각할 수 있을 정도로 효과가 크기 때문에 식물의 다양한 잎 모양과 색깔, 꽃의 감촉과 다양한 향기 및 빛깔, 식물의 다양한 생김새와 성향, 각각의 식물들을 가꾸는 방법 등을 경험함으로써 창의적 사고 발달은 물론 행복한 삶으로 이어짐은 경험한 사실입니다.

식물의 몸짓언어를 알아차림 못 하더라도 지극히 정상이며 전혀 문제 될 것이 없습니다. 저는 식물을 조금씩 20년을 넘게 키웠어도 한 번도 생각해 본 적이 없었으며, 박사학위 받고 10년간 논문도 몇 편 써보면서 논리적 확산적 사고력을 기르려는 노력 중에, 식물에 대한 애정이 더욱 깊어졌으며, 관심을 갖고 차분히 4년 정도 집안에서 식물을 키운 후에야 비로소 식물의 몸짓언어를 깨닫게 되었답니다.

그 후로도 1년 정도 반복적으로 확산적 사고과정 노력을 거친 후에야 '식물의 몸짓언어'라는 신조어를 제가 처음으로 만들 수 있었으며, 용기를 내 집필하고 있는 중입니다.

인천 사는 천 박사에게 전화 통화로 제가 식물의 몸짓언어를

식물에게 지성적으로 배우기

생각해 냈고 만들었다고 제일 먼저 전했더니, 다음날 인터넷 검색에서 몸짓언어가 나왔다고 전해 왔지만 인간의 몸짓이 아닌 식물의 몸짓언어임과 동시에 지구 반대편의 이 세상에 나와 같은 생각을 하는 사람이 있다는 것도 묘한 기분이 들었습니다.

　무엇보다도 가장 중요한 것은 식물에 대한 관심과 사랑을 가지고 꾸준히 식물을 키우면서 자신의 내면의 소리와 식물의 입장에서 내게 진정으로 바라는 것이 무엇일까를 알아차림 할 수 있도록 집중해서 노력하는 시도가 반복되는 과정에서 감성지능이나 창의성이 발달되고, 이러한 시간이 흐르면서 식물에 대한 지식이나 경험치가 쌓이면서 마침내 식물의 몸짓언어를 알아차림 할 수 있게 되는 것입니다.

　가족과 함께 식물을 기르면서 공통된 관심사의 대화거리가 발생하니 자주 소통할 수 있게 되어 가족과의 유대관계가 좋아지고, 식물에 대해 한 번 더 생각하고 말하는 과정에서의 사고력 증진은 물론, 키우는 식물에 대한 사진을 찍어 간직할 정도로 애정이 생기며, 반려식물로 시나 산문을 쓰게 되고, 그림을 그리게 되는 등 확산적 사고의 지름길이 되며 창의적인 사고의 물꼬를 트는 중요한 과정이 될 것이며, 더 나아가 예술로 승화될 가능성도 높아질 것입니다.
　이렇게 식물의 몸짓언어를 알아차림 하는 과정은 창의성 발달을 도모하는 과정도 됩니다.

메타인지를
기르고 싶다면
식물을 키워보세요

메타인지를 기르고 싶다면 식물 기르기를 적극 추천합니다.

제가 식물을 기른 것이 아니라 식물들이 저를 보살폈다고 해도 과언이 아닐 정도로 식물들에게서 정서적 안정과 긍정의 에너지, 가르침을 많이 받을 수 있었습니다.

지금은 식물의 몸짓언어까지 생각할 수 있을 정도로 생각하는 힘이 길러졌으며, 머릿속에 떠오르는 수많은 생각을 미처 써내려가지 못하고 흘려보내면서 막힘없이 단숨에 이 글을 써내려가고 있습니다.

평소 관심 있었던 철학적 사고와 식물을 기르면서 터득한 새로운 사실적 지식들이 융합되어 확산적 사고와 함께 생각의 근육이 튼튼해지고 있다는 것을 실감합니다.

식물을 가꾸면서 직접 경험하고 고민하면서 몸으로 익힌 지식은 뭐라 형용할 수 없는 희열을 쉽게 맞이하고 느낄 수 있었고, 지식 그 이상의 생각하는 힘을 기를 수 있었으며, 미처 생각하지 못했던 진로나 삶의 철학까지도 바꿀 정도로 강력한 확산적 사고를 할 수 있게 해주는 매력이 있더군요.

꽃길만 걸으려는 저에게 식물은 산길, 들길, 물길, 진흙길, 자갈길, 아스팔트길, 안 가본 길도 걸어보고 저에게 맞는 길, 좋은 길을 찾아가라 합니다.

훗날 걸어보지 못한, 안 가본 길에 대한 미련이 남지 않도록, 두 갈래 길에서 이유 있는 근거를 찾아 망설임 없이 선택할 수 있는 용기 있는 안목을 기르기 위한 연습을 할 수 있는 기회가 식물 기르기라고 귀띔해 줍니다.

식물 기르기는 매번 순간마다 선택해야 하는 상황이 발생합니다. 화원에 있는 수많은 식물 중에 어떤 식물을 선택해서 우리 집 어디에 놓고 기를 것인지 집안 내부를 머릿속으로 상상해 스캔해 보면서 공간 감각을 실생활에 적용하는 기회가 생기기도 하고, 가족 중에 누가 좋아할지 싫어하는지도 알고 미리 설득하거나 이해를 구해야 하는 상황이 발생하기도 합니다.

포기를 나눌 것인지, 분갈이를 할 것인지, 물을 줄 것인지 말 것인지, 화분을 재활용할 것인지 버릴 것인지, 식물을 나누어 줄 것인지, 식물 개체 수를 늘릴 것인지, 가지를 칠 것인지, 마른 식물 화분을 버릴 것인지 살릴 것인지, 병이 든 식물을 어떻게 살릴 것인지 등 모든 상황이 선택이나 궁리가 필요합니다.

위와 같이 식물을 기르기 전 준비 과정부터 끊임없이 생각하고 집안에 식물을 들여놓은 순간부터 자신의 판단력에 문제는 없었는지 잘 선택했는지 등의 반성적 사고과정이 포함됩니다.

다음 기회엔 식물의 크기나 잎 모양이 책상 위에서 조화롭게 어울리는지, 벽지 색깔과 어울리는 색의 꽃이 피는지, 식물이 물을 좋아하는 식물인지 아닌지 등의 마루 바닥재 소재까지 고려해 식물의 종류와 화분을 선택해야겠다는 등 자신도 모르는 사이에 확산적 사고를 하고 있는 나를 발견하게 됩니다.

이렇듯 사고의 사고과정을 거듭하면서 생각하는 힘이 길러지고 고차원의 생각하는 기술인 메타인지도 길러집니다.

어떤 식물을 어디에서 어떻게 기를 것인지 생각하는 과정, 계획에서부터 실천까지의 모든 과정 속에서 일어나는 현상이나 마음의 변화, 지식의 양은 제 경험에 의하면 일일이 열거할 수 없을 정도로 많아집니다.

시간이 흘러 이러한 지식이 쌓이면 자신도 모르는 사이에 지식이 곰삭아 앎에 대한 확신과 함께, 자연 앞에 겸손해지는 자신을 발견하게 될 것입니다. 이것이 식물이 들려주는 몸짓언어의 힘입니다.

실제 예를 들자면 배추흰나비 한 살이를 가르치기 위해 교실에서 노란 꽃이 피는 유채를 모둠별로 기른 적이 있었습니다.

애벌레가 잎을 갉아먹는 교실은 항상 어수선했으나 일기장 글 감은 풍부해졌고 친구들과의 공감대가 형성되어 대화와 웃음이 흘러넘쳤답니다.

모둠별로 유채꽃이 잘 자라도록 정성껏 물을 주고 가꾸며, 신선 한 공기와 햇살을 받기 위해 아침 일찍 등교해 창문을 활짝 열어 주었고, 유채꽃대에 지지대를 세우고 배추흰나비가 날아갈까 봐 양파망을 씌우며 조바심으로 기다렸던 시간들도 생각납니다.

드디어 기다리고 기다리던 배추흰나비가 양파망 속에서 날아 다니던 날, 어린 학생들의 감격스러운 탄성 소리에 옆 반 친구들 이 달려왔던 순간은 지금도 잊을 수 없을 만큼 행복한 추억으로 기억됩니다.

우리가 살면서 감격스러운 순간을 몇 번이나 느낄 수 있을까요?

배추흰나비를 날려 보내던 날, 덩그러니 남은 유채꽃 화분 입장 에서 쓴 어린 학생들의 관찰 일기엔 같은 내용을 관찰하고 경험 했지만 서로 다른 느낌이나 생각이 가득 들어있었습니다.

과학적 지식은 물론이고, 유채 잎과 애벌레의 공존, 생명의 소 중함과 신비로움, 이별의 안타까움, 날려 보낸 배추흰나비를 걱 정하는 마음 등 수업 목표 그 이상의 결과물에 교사로서 뿌듯한 성취감도 맛볼 수 있었답니다.

생각해 보니 우리 반 학생들은 배추흰나비 알이 붙어있는 유채 꽃을 기르고 관찰하는 과정에서 영상자료로 쉽게 배운 또래 친구 들보다 성숙된 메타인지가 길러졌던 것임을 이제야 알게 되었고,

열정적인 담임교사 시절도 감사한 추억으로 되새김질합니다.

　자신을 성찰할 수 있는 고차원의 생각하는 기술이 있고, 스스로 문제점을 찾아내고 해결하며, 객관적으로 자신을 인식할 수 있는 메타인지 능력을 높이기 위한 사람의 노력은 멋지고 추구할 만한 가치 있는 지적노동이자 육체적 노동이라는 생각이 듭니다.

　1983년 월정사에서 일체무언(一切無言) 한마디를 남기시고 입적하셨다는 탄허 스님의 미래학적 지혜나 "산은 산이요 물은 물이로다."라고 말씀하신 성철스님의 메타인지를 감히 가늠할 수도 없지만 분명한 것을 두 분 모두 자연을 벗하면서 자연 속에서 생각하고 또 생각하는 수련과정이 있었다는 것만은 숨길 수 없는 사실입니다.

　출가할 수도 없고 속세에서 살아야 하는 우리는 집에서 작은 식물 한 그루라도 곁에 두고 물 주고 마음도 주며 정성껏 가꾸다가, 시간 날 때 아니 시간 내서 들로 산으로 자연 곁으로 다가가는 삶을 살아보는 건 어떨까요?

　고3 수학여행을 오대산 월정사로 갔던 날 "탄허 스님께서 입적하셨다."기에 조용히 경내를 둘러보며 삶과 죽음, 어떻게 살 것인가에 대해서 난생 처음으로 깊이 생각해 볼 수 있는 시간을 갖게 되었으며, 그 후 지금까지 삶의 화두가 된 계기도 교실을 떠나 산자수려한 오대산 전나무 숲을 찾아 떠난 자연 속의 식물과 함께했던 결과라고 생각합니다.

식물에게 지성적으로 배우기

식물에게
확산적 사고과정을
배웁니다

식물에게 배웁니다.

무엇을 배웁니까?
식물의 몸짓언어로 확산적 사고과정을 배웁니다.

왜 배우나요?
기존과는 전혀 다른 새로운 생각을 도출하는 확산적 사고는
창의성 발달에 좋습니다.

어떻게 식물에게 배웁니까?
식물의 몸짓언어로 배웁니다.

관찰력이 좋아집니다.

어떻게 몸짓언어로 배웁니까?
식물의 미세한 변화나 꽃잎 모양 등에서 알아차림 합니다.
탐구력이 증진됩니다.

어떻게 알아차림 하나요?
식물의 어떠한 변화든지 그 이유나 의미가 있답니다.
사고력 즉 생각하는 힘과 확산적 사고력이 좋아집니다.

어떻게 이유나 의미를 알 수 있을까요?
식물을 관심과 사랑으로 꾸준히 지켜보면 됩니다.
인내심과 노력을 배웁니다.

꾸준히 지켜본다고 어떻게 의미를 알 수 있을까요?
일단 식물과 사랑하고 친구가 되어 지켜보면 의미를 알 수 있
답니다.
친밀감과 아낌없이 주는 나눔을 배웁니다.

그래도 의미를 모르겠으면 어떻게 해야 하나요?
식물의 입장에서 계속 지켜보며 생각하려고 노력해 보세요.
배려와 고차원적 사고를 배웁니다.

식물에게 지성적으로 배우기

의미를 알고 나면 그다음은 무엇입니까?

식물이 주는 의미가 내포하고 있는 지혜나 교훈을 알 수 있습니다.

삶의 지혜와 통찰력을 배웁니다.

삶의 지혜를 터득하고 나면 그다음은 무엇입니까?

아는 것을 실천하는 것이겠지요.

배운 것을 실천하는 것이야말로 쉬우면서도 어려운 것 같습니다.

우리는 식물의 몸짓언어로 관찰력, 탐구력, 사고력, 확산적 사고력, 인내심, 노력, 친밀감, 나눔, 배려, 고차원적 사고, 통찰력, 삶의 지혜 등을 배웁니다.

이렇게 우리는 식물의 몸짓언어로 통찰력과 삶의 지혜를 배웁니다.

우리는 식물에게 배웁니다.

결론적으로 우리는 "식물에게 배우다"에 공감하게 됩니다.

제가 소크라테스의 문답법을 응용해 혼자 묻고 생각하고 대답해 보았더니 기존의 뒤죽박죽이었던 생각들이 한 눈으로 보기 쉽게 정리되어 무엇을 말하려고 하는지에 대한 답이 명확해지는 것을 느꼈답니다.

  이렇게 오늘도 식물의 몸짓언어를 통해 확산적 사고과정을 배
웁니다.

식물에게
삶의 지혜와
통찰력을 배웁니다

식물의 몸짓언어를 통해 확산적 사고과정을 거쳐 이번에는 실제 식물에 적용해서 꽃잎에게 배워봅니다.

식물에게 배우다.
꽃잎에게 배우다.

식물의 몸짓언어로 배웁니다.
식물의 꽃잎들을 바라보며 각각의 꽃잎 모양, 꽃 색깔, 꽃향기 등을 살펴가며 관찰합니다.

어떻게 몸짓언어로 배웁니까?

식물의 미세한 변화나 꽃잎 모양 등에서 알아차림 합니다.

식물 꽃잎들의 모양과 빛깔 향기 등의 미세한 변화나 차이를 자세히 살펴봅니다.

꽃잎 모양이 단순한 한 장의 꽃잎과 여러 겹의 꽃잎이 있고, 순백의 하얀 꽃잎과 화려한 색상의 꽃잎, 향기 짙은 꽃과 향기 없는 꽃 등으로 나누어 보고 분류하면서 생각해 봅니다.

어떻게 알아차림 하나요?

식물의 어떠한 변화든지 그 이유나 의미가 있답니다. 그 의미를 잘 생각해 보셔요.

치자 꽃, 스파트필름 꽃, 오렌지 재스민, 풍란 꽃, 보세난초 꽃 같은 대부분의 하얀 꽃잎들은 짙은 향기를 뿜어내고 있으며 미니 석류꽃, 양란, 부겐베리아 등과 같은 색이 화려한 꽃잎들은 향기가 나지 않는다는 것을 알 수 있으며 왜 그럴까 생각해 보았더니 향기와 아름다운 꽃 색깔로 자신을 볼 수 있도록, 자신에게 가까이 오도록 관심을 끌기 위한 꽃잎의 몸짓언어가 꽃향기와 화려한 꽃 색깔인 셈입니다.

어떻게 이유나 의미를 알 수 있을까요?

식물을 관심과 사랑으로 꾸준히 지켜보면 됩니다.

왜 꽃들이 향기와 화려한 색으로 관심을 끌려고 할까를 생각하면서 오랜 시간 꾸준히 살펴봅니다.

대부분의 식물들은 꽃이 피면 열매를 맺어야 하는데 사람의 손

식물에게 지성적으로 배우기

길이나 곤충의 도움을 받아야 함으로 짙은 향기와 꽃 색깔로 어서 와달라고 유혹하기 때문이라는 의미에 도달하게 됩니다.

꾸준히 지켜본다고 어떻게 의미를 알 수 있을까요?
일단 식물과 사랑하고 친구가 되어 지켜보면 의미를 알 수 있답니다.
농부나 화려한 꽃과 꽃향기에 이끌려 다가온 사람들이 붓으로 수정시켜 주거나 곤충들이 날아와 꽃잎에 앉아 꽃가루를 묻혀 여기저기 수정시키는 모습을 볼 수 있게 됩니다.

그래도 의미를 모르겠으면 어떻게 해야 하나요?
식물의 입장에서 지켜보며 생각하려고 노력해 보세요.
빠르고 늦음의 시간 차이가 있을 뿐 지속적인 관찰과 함께 의미를 찾을 수 있게 되며 그래도 모르겠으면 전문가나 지인의 찬스 식물도감 등의 도움을 받으면서 의미를 찾도록 합니다.

의미를 알고 나면 그다음은 무엇입니까?
식물이 표현해 주는 의미가 내포하고 있는 지혜나 교훈을 알 수 있습니다.
꽃들도 열매를 맺기 위해 화려한 색깔과 향기로 곤충을 유혹하는 지혜를 발휘하는데 하물며 만물의 영장이라 할 수 있는 사람이 2세를 위해 또는 행복을 위해 꽃단장을 하고 향수를 뿌리면서 상대에게 매력을 발산하는 것은 당연하다는 생각이 들며, 사람도 자연의 일부로써 결혼이 선택이기는 하나 자연의 섭리라는 생각도 해봅니다. 꽃의 곤충을 유혹하는 지혜를 좋은 인간관계를 위한 지혜의 시사점으로 찾을 수 있을 것입니다.

삶의 지혜를 터득하고 나면 그다음은 무엇입니까?
아는 것을 실천하는 것이겠지요.

우리가 아는 것을 앎에만 머문다면 그것은 죽은 지식이나 마찬가지입니다.

죽은 식물은 땔감이나 약재가 되고 나물처럼 소중한 쓰임으로 사람에게 아낌없이 나누어 주는데 식물에게서 배우고 터득한 삶의 지혜와 지식을 혼자만 알고 있다는 것은 부족한 지혜를 사람들 앞에 드러내는 것보다 더 부끄러운 짓인 것 같아 이렇게 저도 조심스럽게 용기를 내고 있는 중입니다.

평소 배운 것을 사회에 환원해야겠다는 생각은 하고 있었지만 시간과 용기 부족으로 미루어 오던 것을 화분 몇 개 정성껏 키우면서 실천적인 용기를 내게 되었습니다.

식물과 벗하면서 오히려 식물에게 배우고 있다는 진한 감동이 전해졌고 저도 누군가에게 이 식물이 주는 감동과 생각을 나누어 주고 싶다는 생각으로 이어져, 요즘 밤낮으로 열심히 살아있는 지식을 만들기 위해 적극 실천 중입니다.

오늘도 저는 식물의 몸짓언어로 삶의 지혜와 통찰력을 배우려고 노력 중에 있답니다.

"식물에게 배우다" 이 책이 노력의 증거랍니다.

저는 배우는 것을 좋아합니다.
가르치는 것도 좋아하나 배우는 것을 더 좋아합니다.
배우는 것에는 끝이 없습니다.
그래서 제가 좋아하는 식물에게도 배웠답니다.
식물에게 감성과 지성을 배웁니다.
식물에게 배웁니다.
여러분들께서도 여러분들이 좋아하는 것으로 배우시면 됩니다.
저는 식물에게 배웠지만 여러분들은 어떤 것으로 배우실지 잠시 생각해 보시기 바랍니다.

식물의 몸짓언어로 삶의 지혜와 통찰력을 배울 수 있답니다.
며칠 전 피아노 옆에 놓았던 물과 친한 가지마루 분재화분을 치우고 비교적 물을 적게 먹는 작은 금전수 화분을 갖다 놓았더니 피아노 터치가 조금 좋아진 듯했습니다. 이렇게 저는 생활 속에서 삶의 지혜를 적용하려고 노력 중입니다.
여러분께서도 식물에게서, 식물의 꽃에게서 예리한 관찰력으로 사물을 꿰뚫어 보는 통찰력을 배우고 삶의 지혜를 터득하시면서 인생을 꽃길로 만들어 보시기 바랍니다.

자신이 땀 흘리며 손수 만든 작은 경험들의 꽃길은 웃음꽃 행복 꽃 피는 세상으로 가는 지름길이 될 것입니다.

식물에게 지성적으로 배우기

호연지기를
기릅니다

　순자의 '아는 것을 안다 하고 모르는 것을 모른다 하는 것이 말의 근본이다.'라는 가르침에도 불구하고 잘 알지도 못하면서 용기를 내 식물에 대해서 조금 아는 것을 쓰고는 있지만 서른여섯 번째의 몸짓언어에서 정도를 지나침이 모자람만 못하다는 과유불급(過猶不及)이 생각나 글의 표현에 지나침이 있었는지 잠시 반성을 해봅니다.

　실내 공기정화 식물에 대해선 조금 알았으니 이제 집 밖의 자연으로 좀 더 시야를 넓혀서 사고해 보려 합니다.

　식물을 포함한 자연에서 배우는 것들은 앞서 언급했지만 너무나 광범위해서 생각보다 매우 크고 깊습니다.

식물을 키워보면 감성적으로 느껴지거나 지성적으로 식물과 소통하는 이야기들이 있답니다.

가만히 잘 들어보셔요.

어떤 이야기들이 들리시는지요?

식물에게 배우는 것들은 머리가 맑아지며 가슴은 따뜻해지는 감동이 있답니다.

그동안 제가 학교나 책에서 배운 것들을 종합해서 삶에 적용했다면, 이보다 더 많이 삶에 적용할 수 있는 깊이 있는 좋은 내용들이 식물과 자연에서 터득하고 배우는 지혜이며 삶의 철학인 것 같다는 생각이 듭니다.

그래서 우리 할머니나 할아버지들께서 많이 배우시진 못하셨지만 자연의 이치를 터득하시고 깨우치셨기에 존경받으실 만큼 삶의 지혜가 깊은 것인지도 모를 일입니다. 즉 자연이 종합백과사전이자 철학 도서인 셈이라는 말씀을 드리고 싶어서 구구절절이 늘어놓았습니다.

경험한 바에 의하면 식물을 키우면서 제 마음이 큰 것 같고 식물에게 배우면서 용기가 생겼으며, 식물과의 교감과 소통으로 식물의 몸짓언어를 알게 되었고 식물의 몸짓언어로 미미하게나마 삶의 지혜와 통찰력을 배우게 되는 것 같습니다.

그렇다면 어려서부터 논리적으로 사고하는 법을 배우는 요즘 세대들이 조금만 식물에게 관심을 갖게 되면 저보다 더 많은 좋은 내용을 식물에게서 알아차리고 배울 수 있다고 생각합니다.

20대 저는 화분에 식물을 키우다가 너무 자라 분갈이할 때쯤이면 바쁘다는 핑계로 화분을 친정어머니께 갖다 드리고 다시 다른 종류의 식물을 키우곤 했답니다.

그러나 최근 10년 동안은 정성과 사랑을 담아 키우며, 식물과 함께하는 시간을 조금씩 늘려가고 있습니다.

키우던 식물이 점점 자라 좀 더 큰 화분으로 분갈이해 줄 때마다 제 마음도 쑥쑥 자라는 것 같아 힘들지 않고 오히려 설레는 기쁨이었답니다.

식물만 큰 것이 아니라 새집으로 이사와 식물이 일곱 해를 점점 큰 화분으로 이사 다니는 동안 제 그릇도 종지에서 대접을 만든 것 같습니다.

이제 거실 화분의 식물이 아닌 자연에서 식물과 벗이 된다면 좀 더 크고 단단한 그릇을 만들 수 있을 것이라는 생각도 듭니다. 작은 종지에서 제가 키우고 있는 식물의 화분 크기만 한 쓸모 있는 큰 그릇이 될 수 있다면 정말 좋을 것 같습니다.

제 삶의 가치 있는 것들은 대부분 자연에서 배웠다 해도 지나친 말이 아닙니다. 논문 심사를 하다 보면 틀린 곳을 찾아내야 하고 논문 설계가 잘 되었는지 논리정연 한지 등의 비판적 사고를 하며 읽어야 하니 제 머리에 먹물이 들면 들수록 정서적으로 탁해지는 느낌이 들었답니다.

좋은 책을 읽어도 있는 그대로를 받아들이는 것이 아니라 비판과 비논리적으로 공감할 수 없는 부분이나 구절이 자주 눈에 뜨이기에 책을 읽어도 행복하지 않아 한동안 의식적으로 책을 멀리하려 했고 자연과 친해지면서 마음을 정화시키려고 노력해 왔습니다.

자연과 벗하고 나면 기분이 좋아지고 마음이 정화되는 느낌입니다. 마치 식물 잎의 숨구멍으로 제 몸속의 찌꺼기들을 빨아들이는 느낌이랄까요. 이렇게 자연과 식물은 사람의 마음을 긍정적으로 변화시키는 것 같습니다.

자연을 매우 좋아하지만 시간상 자주 찾을 수는 없고 궁여지책으로 화분 몇 개 거실과 베란다에서 키우고 매일 바라보는 아파트 정원의 식물이 고작 전부이지만 마음만은 정원사 못지않게 식물을 사랑하는 식물 부자랍니다.

식물에게 배우는 각각 다른 이야기들을 무청 엮듯 하나하나 엮어 나가면서 여러분께 부탁드리고 싶습니다.

핸드폰과 컴퓨터게임보다 자연과 친구 되어 자연과 하나 되어 보길 권합니다. 꿈이 없는 사람에게 꿈이 생긴답니다.

자연과 하나 되어 뛰어놀다 보면 하고 싶은 꿈이 너무 많아 고민이랍니다. 제 경험담을 살짝 들려드리겠습니다.

어린 시절 양양 조산 솔밭에서 돗자리 깔고 엎드려 읽던 위인전과 동화책은 놀이 도구였습니다. 학교에서 빌려온 책 두 권을

식물에게 지성적으로 배우기

모두 읽고 나면 주변에서 주운 병뚜껑과 납작하고 예쁜 돌을 주워 그릇을 만들고 들풀과 버섯을 뜯어 소꿉놀이를 합니다.

엄마 아빠가 되어보고 요리사도 싫증 날 무렵이면 아름드리 소나무 두 대에 고무줄을 길게 묶고 맨발로 뛰어놀던 어린 시절 느꼈던 발바닥의 부드러운 흙의 감촉을 떠올릴 때면 마음도 목소리도 폭신폭신 부드러워지는 것 같습니다.

곤충 채집한다고 들과 산을 뛰어다녔으며 메뚜기 잡으러 논둑과 풀밭을 헤집고 다니다 만난 작은 도랑이나 늪을 건너뛰었던 경험들은 가을 운동회 계주는 물론이고 60m, 100m 멀리뛰기 높이뛰기 허들 등 많은 종목의 학교 육상선수로 활동할 수 있었으며, 교원 과학 서클에서 여름 캠프 활동 진행요원으로 적극 참여하는 등 자연에서 잘 뛰어 놀은 덕분에 마음의 걸림 없이 정정당당하고 행복한 교직생활을 할 수 있었습니다.

여고 시절 자연보호 운동으로 설악산 흔들바위에 오르면서 가을 단풍이 너무나 멋져 화폭에 담고 싶었던 가슴 두근거림은 지금도 아름다운 풍경을 보면 그리고 싶어지는, 아직까지도 화가의 꿈을 버리지 못하고 있답니다.

산길을 걷다 들려오는 계곡의 물소리와 새소리에 더럽혀진 귀를 씻고 다람쥐 청설모 나비를 따라 눈도 춤추며, 쏟아지는 폭포수에 마음을 씻으며 우렁찬 폭포 소리보다 더 커지는 자신의 목소리에 천하를 호령할 수 있는 자신감이 더해집니다.

어릴 적 바닷가 방풍림으로 심은 소나무 숲에 핀 해당화 꽃이 너무 곱고 아름다워 구경하다가 진한 주홍빛으로 익은 열매를 따서 바닷물에 씻어 먹고 있노라면 저절로 노래가 흘러나옵니다.

"해당화가 곱게 핀 바닷가에서 나 혼자 걷노라면 수평선 멀리 갈매기 한두 쌍이……." 저도 모르게 두 손을 마주 잡고 큰소리로 노래 부르며 어린이 합창단을 꿈꾸었습니다.

초등학교 2학년 때 바닷가 모래사장에 서있는 그네를 타면서 끝없이 펼쳐진 깊고 푸른 바다 건너에 일본이 있다는 것도 알게 되었고 커서 제 힘으로 꼭 가보겠다는 꿈도 이학박사가 되어 국제 학술대회 참가 등으로 언제든지 갈 수 있는 현실이 되었습니다.

햇볕이 쨍쨍 내리쬐는 무더운 여름 오후에 발목까지 푹푹 빠지는 뜨거운 모래사장에서 맨발로 뛰어보셔요. 한여름엔 발바닥이 너무 뜨거워 펄쩍펄쩍 뛸 정도로 인내심의 한계를 경험할 수 있게 됩니다.

놀면서 참을성을 기르는데 이것만큼 좋은 경험은 별로 없을 것입니다.

여름날 밤 낙산해수욕장 바닷가 모래사장에 누워 쳐다본 밤하늘의 별빛이 너무 아름다워 별나라 달나라 여행을 상상하기도 했으며, 이런 행복한 경험과 상상들은 저로 하여금 현실과는 다른, 보다 높고 보다 큰 꿈을 갖게 했습니다.

바람이 선선한 가을에는 모래사장 위에서 뛰다가 이어서 파도가 쓸고 지나간 해변을 뛰어보세요. 몸이 갑자기 가벼워져서 달리는 속도의 현저한 차이를 느낄 수 있습니다.

길고 긴 해안선을 따라 마른 모래사장과 젖은 모래 해안선을 번갈아 오가며 한참을 달리다 보면 바닷바람이 땀을 닦아주고 파도가 가끔 발을 씻어 주기 때문에 달리는 것이 재미있어집니다. 이렇게 몇 번 달리기 연습을 하고 나면 어느새 잘 뛸 수 있다는 자신감이 들거나 육상선수로서 소질의 유무를 발견할 수 있게 됩니다.

한겨울 끝없는 백사장에 펼쳐진 아무도 걷지 않은 새하얀 눈밭 길도 걸어 보세요. 천천히 걷다 보면 어느새 강아지처럼 뛰어 보고 싶고 깨끗한 눈처럼 마음도 환해져 무조건 잘 살아야겠다는 생각이 저절로 든답니다.

오로지 내 발자국만 남아있는 흔적을 뒤돌아보면 걷는 것도 창조가 될 수 있다는 것도 발견하게 되고, 해변이라는 세상에서 가장 큰 도화지 위에 발자국으로 그림을 그린 화가의 주인공이 되어 뿌듯함도 느낄 수 있게 됩니다.

쉼 없이 철썩 대는 파도 치는 소리가 음악으로 들릴 때도 있고 모래 위로 밀려왔다 내려가는 파도 소리가 답답한 마음을 어루만져 주기도 하며 때로는 착잡한 마음의 찌꺼기들을 훑고 지나가는 것처럼 시원하게 느껴질 때도 있고 높이 치솟는 성난 파도 앞에 두려움과 경외감을 느끼거나 당당하게 맞서 밀려온 바닷물에 발목을 적시며 파도를 마음껏 느끼고 즐길 때도 있었습니다.

깊고 푸른 동해에 들어가 끊임없이 밀려오는 큰 파도를 뚫고 잠수하거나 파도 리듬을 탈 수 있게 되면 튜브 없이도 맨손으로 노는 것이 재미있어 지고, 이렇게 커다란 파도타기 놀이로 길들여진 어린이는 훗날 성인이 되어서 어떠한 어려움이나 장애물을 만나도 파도 타고 놀듯 당당하고 꿋꿋하게 뛰어넘을 수 있는 용기를 지니게 됩니다.

바닷가에 누워 하늘을 쳐다보면 거칠 것 없이 드넓은 하늘과 망망대해 동해가 하나로 느껴지며 수많은 모래알과 더불어 스스로 나도, 자신도 자연의 일부로 바다와 하나가 됩니다. 눈앞에 펼쳐진 모든 것들이 하나 되어 모두 내 것이 됩니다. 햇살에 반짝이는 모든 것들이 아름답게 보이며 아름답고 멋진 삶도 꿈꾸게 됩니다.

바닷가에서 잘 놀면, 바다를 즐기면, 무모한 도전이 아닌 자기 능력치만큼의 도전을 항상 하면서 살게 되고, 살면서 힘들지라도 결코 포기하지 않으며 어떠한 문제 상황일지라도 궁리 끝에 해결책을 찾아 목표 도달에 힘쓰게 되는 원동력이 잠재력으로 남아있어 평생 꿈틀거리게 되는 것을 경험했습니다.

식물에게 지성적으로 배우기

이렇게 아름답고 멋진 자연에서 뛰놀며 꿈꾸던 어린아이는 어른이 된 지금까지, 아직도 꿈속에서 뛰놀고 있습니다.

꿈은 가슴에 품고 있는 그 자체가 소중합니다. 이룰 수 있으면 더욱 행복하겠지만 이루지 못한 꿈도 삶의 값진 의미를 부여합니다.

꿈이 있어 젊게 살 수 있고 꿈이 있어 불만이 없으며, 꿈이 있어 코로나-19로 힘든 지금 이 순간도 글을 쓰며 행복을 위해 노력할 수 있다고 생각합니다.

신라의 원화와 화랑은 자연에서 뛰어놀고 자연을 벗하면서 심신수련을 했던 멋진 청소년들입니다.

그 옛날 우리 조상들은 신분에 제한을 받지 않는 제도를 만들어 청소년들의 호연지기를 길렀던 탁월한 교육정책이 있었다고 할 수 있습니다.

21세기도 각종 청소년 단체들이 있긴 하나 안타깝게도 호연지기를 기를 수 있는 프로그램은 그리 많지 않은 것 같습니다.

사람답게 생각하고 사람답게 행동하며 사람답게 꿈꾸고 사람답게 꿈을 실현할 수 있는, 사람답게 살기 위한 마음과 용기가 온몸에 꽉 들어찬 호연지기를 기르는 것은 매우 중요합니다.

성장기 자연 속에서 뛰어노는 것만큼 중요한 것은 없습니다.

청소년 시기에 자연과 벗할 수 있는 기회를 많이 만들어 주는 것이 우리 어른들이 우선적으로 해야 할 중요한 과제입니다.

잘 놀아야 좋은 꿈이 생깁니다.

놀다 보면 자신이 즐거워하는 것과 좋아하는 것, 싫어하는 것, 잘하는 것과 못하는 것들을 알게 됩니다.

놀면서 못하는 것들은 실패가 아니라 다시 하면 되는 놀이가 되므로 결과가 심각하지 않습니다.

우리는 놀아봐야 자신에 대해서 좀 더 자세히 알 수 있답니다. 즉 노는 것도 공부인 것입니다. 잘 놀아야 새로운 놀이를 하면서 도전도 쉽게 할 수 있게 됩니다.

자기가 좋아하는 놀이를 위해서, 많이 놀기 위해서는 머리를 굴려 얼마나 준비를 많이 하고 많은 생각을 해야 놀이 시간을 길게 확보할 수 있는지를 놀아본 사람들은 이해가 갈 것입니다.

이왕이면 자연에서 놀기 바랍니다.

자연 속에서 활동하는 것은 누구에게나 좋겠지만 특히 청소년 성장발달 시기에 알맞은 자연 놀이는 매우 중요합니다. 그 시기에 자연과 교감할 수 있는 시간을 갖도록 해보세요.

가능한 한 자연 속에서 맘껏 뛰어놀고 맘껏 즐겨보시기 바랍니다.

자연 속에서 무엇을 하고 놀아야 할지 모를 때는 일단 산과 들, 바다를 숨이 턱에 차오를 때까지 뛰어보세요.

그다음은 하고 싶은 대로 맘껏 주위를 둘러보고, 공기도 마셔보고, 심호흡도 해보고, 누워도 보고, 앉아도 보고, 눈도 감아보고, 걸어보고, 뒹굴기도 하면서 발도 담가보고, 맨발로 걸어도 보고,

풀냄새도 맡아보고, 낙엽도 밟아보고, 새소리도 들어보고, 산 지형도 둘러봅니다.

하늘도 쳐다보고, 일출도 보고, 나뭇잎에 빗방울 떨어지는 소리도 들어보고, 어느 한 곳을 응시해 집중해 보기도 하고, 명상도 해보고, 눈에 보이는 대로 문장을 만들어 보고, 시 한 줄도 읊어 보고, 노래도 부르고, 현지인들과 대화도 나누어 보고, 처음 보는 사람에게 용기를 내 말도 걸어봅니다.

어둠 속에서 걸어도 보고, 향토 음식이나 맛있는 것도 먹어보면서, 춤도 춰 보고, 내면의 소리도 들으면서 자신에게 집중도 해보고, 향기도 맡으면서 바람도 느껴보시기 바랍니다.

이 모든 것들을 아무 생각 없이 두세 번 하고 나면, 의식적으로 생각하면서 놀게 되고. 하고 싶은 놀이를 찾을 수 있게 되고 나중에는 자연을 즐길 수 있는 취미까지 갖게 될 것입니다.

일상에서 벗어나 새로운 곳이나 낯선 곳에서 자연이든 사람이든 함께 소통하며 만들어 가는 좋은 생각들이나 건강한 삶을 위한 적극적인 운동 등은 호연지기를 기를 수 있는 첫걸음이 됩니다.

망설이지 마시고 당장 시간 내서 가족과 친구와 아님 혼자서라도 가장 가까운 자연을 찾아서 자연 속으로 떠나보세요.

집 근처 공원 숲도 함께 하기 어려우면 지금 당장 자신에게 화분을 선물하는 것은 어떨까요? 가장 소중한 분께, 가장 가까운 곳에 있는 사람에게 작은 식물화분 하나 선물 하면 어떨까요?

식물에게서 배우는 감성적 이성적인 효과는 성남시를 예로 들어 인구 절반이 화분을 한 개씩만 키운다고 가정할 때 2020년 4월 현재, 약 470,844그루의 식물이 존재하는 초록 도시, 초록 세상을 만드는 첫걸음이 될 겁니다.

에어컨 앞에 식물이 있으면 온도에 민감하므로 적게 틀게 되므로 지구 온난화 방지 효과는 물론 착한 소비로 경제효과, 식물 잎에 뽀얗게 내려앉은 미세먼지를 눈으로 확인하면서 지구를 살리는 환경문제도 피부로 느끼게 되어 더욱 적극적인 관심을 갖게 될 것입니다.

비록 작은 식물화분 하나로 시작하지만 식물을 키우면서 식물에게 관심을 갖게 되면 자기중심적인 사람도 타인을 존중하고 배려하는 마음을 갖게 되고 좀 더 멀리 내다보고 좀 더 크게 생각하는 등 그 시너지는 매우 클 것입니다. 이것이 우리가 식물에게 배우는 기대 효과입니다.

지금 당장 방문을 열고 나가 가장 가까운 곳에 있는 나무를 안아보셔요. 그것도 어려우시면 주말에 조금 더 멀리 있는 자연 속으로 들어가 자연의 품에 안겨보시고 나무를 껴안아 보시기 바랍니다.

자연 속에서 자연을 품에 안고 하늘을 품에 담고 맑은 공기를 가슴에 품고 바람과 대화하면서 들꽃과 인사하면서 친구가 되어 보셔요.

나무가 자라듯 마음도 자라고, 꽃이 피듯 마음도 피어나고 식물이 열매를 맺듯이 마음도 여물어 단단해질 것입니다.

　식물들이 군락을 이루고 있는 자연이 숨 쉬고 있는 숲속에서 함께 호흡하면서 호연지기를 맘껏 느껴보시기 바랍니다.
　우리는 자연에서 호연지기를 배우며, 자연에서 호연지기를 기를 수 있습니다. 자연에서 호연지기를 기릅니다.

식물과 벗하면
삶의 철학이
바뀝니다

식물과 벗하면 삶의 의욕이 꿈틀대고 왕성해집니다.

이렇게 작은 식물도 살려고 애를 쓰는데, 이렇게 새싹이 돋으려 애를 쓰는데 식물보다 수백 배나 큰 나는 바보같이 뭐 하고 있는 거지?

'나도 힘을 내자.'라는 생각이 듭니다.

그래서 저는 두 아들이 고등학교 3학년 때부터 방에 각각 작은 식물을 놓아주고 물을 주어 스스로 길러보도록 했습니다.

의외로 효과가 좋습니다. 지금까지도 군대 간 두 아들의 빈방엔 금전수, 가지마루, 스킨답서스 등 공기정화 식물이 자라고 있답니다.

코로나-19로 인해 군부대에서 외출 금지로 나오지 못하고 있지만 가족 단체 톡 방에 가끔 식물 사진을 올려주고 식물의 근황에 대한 대화를 이어가기도 합니다.

며칠 전 큰아들은 포병 교육 중 손가락을 다쳤다 하고 둘째 아들은 오늘 대대 체육대회에서 축구 골키퍼를 한다기에, 사회적 거리두기로 소상공인들이 힘든 요즘 착한 소비운동 참여의미로 길가에서 사온 프리지어를 각각 방에 꽂아두었답니다.

좋은 꽃향기처럼 좋은 기운이 팍팍 전해졌으면 하는 엄마의 마음을 담아서 말입니다.

물론 사진도 찍어 보내주었더니 생각보다 반응이 좋았으며, 이렇게 식물은 말보다 마음을 표현하기에 효과적일 때도 있습니다.

맞벌이 부부가 연중 내내 싱싱한 식물을 가꾸기는 그리 쉽지 않습니다.

분가한 후 얼마 안 된 신혼 때의 일입니다. 일주일 넘게 전국소년체전 참가를 위해 출장을 다녀올 때였습니다. 식물을 키우다 보면 물을 넉넉하게 주고 갔지만 출장 다녀온 후엔 잎이 말라가거나 시들어 있을 때가 있습니다. 당연히 남편이 알아서 물을 주겠지 생각했지만 대부분 말 안 하면 모릅니다.

빨리 물을 주면 대부분 다시 싱그러워지지만 심각한 상황이 예상될 땐 주택에 사시는 식물바라기 엄마께 갖다 드립니다.

얼마 후 가보면 제가 키울 때보다 항상 그곳에서 더 싱싱하고 멋진 자태를 뽐내고 있습니다. 처음엔 고층아파트보다 땅의 힘인

지력과 공기가 좋아서인 줄 알았지만 식물 자신도 누군가의 지극한 관심과 정성을 알고 있는 듯합니다.

이것도 운 좋은 식물이야기이고 출장 갔다 오면 집안일이나 학급담임 업무량이 밀려있어 더욱 바빠지므로 친정에 화분 갖다 드리러 갈 생각은 엄두도 못 내고 어떻게 살려보려고 애를 썼지만 포기할 수밖에 없는 상황이 왔습니다. 할 수 없이 우선 물을 듬뿍 주어 창밖에 내놓고 잠시 잊고 있었습니다.

얼마 후 화분 생각이 나기에 다른 식물이라도 심으려는 생각으로 찾아봤더니 빗물을 먹으며 살아났는지 사랑초 싹들이 마른 잎들 사이로 올라와 제법 자라있는 겁니다.

하트 뿅뿅 사랑초가 잎을 맞대고 있는 것이 어찌나 사랑스럽고 반갑던지 길을 걷다 화원에 있는 사랑초를 볼 때마다 행복으로 가슴 벅찼던 그 시절을 떠올리곤 합니다.

이런 경험이 있어 그 후론 기르던 식물을 함부로 버리지 않을 뿐더러 아파트 재활용품장 앞에 버려진 말라죽은 화분을 보면 미련이 남아 다시 돌아보게 됩니다. 뿌리만 마르지 않았으면 살릴 확률이 높으니까요.

그 후론 우리 집 화분에 기르는 식물 상태를 보면 그 무렵 제가 바빴는지 비교적 여유 있었는지를 가늠할 수 있는 척도가 되어버렸습니다.

이처럼 식물을 기르다 보면 생명에 대한 애착이 샘솟아 생명을 존중하게 됩니다. 아무리 작은 식물이라도 삶의 애착을 갖고 죽을힘을 다해 살아나려 애쓰는 것을 곁에서 지켜본 사람이면 생명의 소중함에 대해서 다시 한번 생각할 기회를 만드는 것입니다.

식물을 곁에 두고 가까이하면, 새잎이 돋고 열매 맺는 과정을 한 공간에서 식물과 함께 숨 쉬며 지켜보면서 생명의 신비함과 경이로움을 느낄 기회가 많아지며 종족 본능의 자연 생태계까지 자연스럽게 생각이 미치게 됩니다.

식물 이름까지는 생각이 나지 않지만 죽기 전에 꽃을 마구 피워대는 식물을 키워본 적이 있습니다. '참 화려하게 살다 생을 마감하는구나.' 하는 생각이 들어 저도 어떻게 살 것인가에 대한 생각을 잠시 해본 적이 있었습니다.

남편이 대학원 2학기 때 결혼을 했습니다. 분유는 아빠의 정성으로 키우고 싶은 마음에 졸업해 직장이라도 잡고 경제적으로 안정되면 2세를 낳으려 계획하고 기다리고 있었으나 남편이 석사 졸업 후 박사과정에 진학하게 되어 고민 끝에 마음을 바꿔 아기부터 낳기로 한 선택은, 제가 지금까지 살면서 가장 잘한 선택이었고 가장 멋진 결정이었답니다.

결혼해서 10년이 넘어서야 남편의 월급을 만질 수 있었으니, 그럼 제 나이는 서른이 훨씬 넘은 노산으로 지금쯤 아직까지도 중·고등학생 새벽밥을 짓고 있으리라 생각하면 지금도 그때의 결정은 참 잘했다는 생각이 듭니다.

식물을 키워보면 자연의 섭리를 가까이서 쉽게 접할 수 있게 되고, 우리 인간이 식물보다 그리 대단하지 않다는 것도 알게 되므로 좀 더 겸손해지는 것 같습니다.

인간이 만물의 영장이 아니라 식물과 동물 곁에서 함께 공존하는 것이며 우리가 함께 평등하다는 생각까지 이르면 길가의 풀꽃조차 소중하고 아름답게 느껴진답니다. 지금 제 마음이 그렇습니다.

식물을 키우면서 친밀감이 형성되면 식물과 동물이 아닌 사람으로 태어난 것만으로도 무한 감사를 느낄 때가 있답니다.

운 좋게 사람으로 태어난 제가 신께 감사하며, 삶에 감사하며, 자연의 이치를 거스르지 말고 자연의 이치를 따르는 것이 현명하다는 지혜를 식물에게 배웠습니다.

사회생활을 하면서 항상 남자로 태어나지 못한 것에 대한 불만이 컸었답니다. 그러나 식물을 키우면서 지금은 생각이 많이 달라졌습니다. 여자로 태어나 남자는 도저히 할 수 없는 일, 생명을 잉태하는 일만큼 소중하고 거룩한 일은 또다시 없다고 생각합니다.

제가 거실에서 작은 화분에 미니석류 나무를 키우면서 이런 생각을 하게 되었습니다. 올해로 7년째 키우고 있는데 1년에 적어도 두세 번은 꽃이 피고 있습니다.

해마다 꽃이 피고 열매 맺는 모습을 곁에서 지켜보다 보면, 올해는 꽃이 몇 송이나 피게 될지, 피어난 꽃송이에서 열매는 몇 개나 맺히게 될지, 맺힌 열매는 과연 잘 익을 것인지 등 새 생명에

식물에게 지성적으로 배우기

관심을 갖게 됩니다.

그래서 저는 미니석류 나무처럼 꽃이 피어 열매를 맺는 식물 화분을 신혼부부에게 선물하는 새로운 문화를 만들면 좋을 것 같다는 생각을 해보았습니다.

저처럼 식물에 대한 관심이 갑자기 부부의 2세가 궁금해지기 시작할 수도 있을 것이며, 어쩌면 2세에 대한 관심으로 자연스럽게 쏠리게 될 수도 있을 것으로 생각됩니다.

처음엔 화분의 식물이 크고 탐스러운 꽃을 피워 내지만 시간이 흐를수록 점점 꽃송이가 작아지고 잎의 색도 예전처럼 좋아 보이지 않게 됩니다. 거름을 주거나 화분 분갈이를 해주기 전까지는 말입니다.

이렇게 신혼부부들이 가까이서 식물이 가장 좋은 상태로 꽃피고 열매 맺는 시기가 있다는 것을 몸소 체험으로 알게 되면, 사람도 잉태 시기의 가장 좋은 때를 생각할 수 있게 될 것이라는 생각이 듭니다.

경제적으로 안정된 상태에서 자식을 키우는 것이 가장 이상적이겠지만 우리가 살면서 계획대로 착착 진행되는 경우는 흔치 않으므로 생각을 바꾸는 편이 훨씬 지혜롭게 사는 방법인 것 같습니다.

2세를 낳는 것이 어찌 보면 자연의 섭리에 순응하며 사는 것이라는 것도 식물을 키우면서 배우게 된 제 소중한 삶의 철학입니다.

가만히 식물 세계를 들여다보니 사람 사는 세상과 별반 다른 것이 없었습니다. 꽃 수술이 꽃가루를 곤충에게 묻혀 여기저기 돌아다니며 수정하듯이, 꽃가루가 바람에 날려 수정되듯이, 인간의 바람기를 식물과 동물의 생물학적인 생존본능으로 해석하고 종족 번식의 생물학적 행위와 비슷하다는 생각에 이르자 웃음이 터져 나왔습니다.

자연주의 학자 루소가 꽃과 열매는 자연의 작업이 가장 잘 응축되어 있다고 표현했듯이, 이와 같이 생각해 보면 인간의 삶에서도 식물에게 시사점을 다음과 같이 찾을 수 있다고 봅니다.

'사람의 인생에서 생명을 잉태해 자연 속에서 함께 살아가는 것은 행복이 가장 잘 응축된 작업'이라는 걸 말입니다.

이러한 사실을 진작 깨달았더라면 자식을 세 명은 더 낳았을 텐데 후회가 되지만 때는 이미 늦었답니다.

이렇게 식물을 키우다 보면 다음에는 어떤 잎이 돋아날까? 내년에는 어떤 꽃이 피어 열매를 맺을까? 다른 식물의 일생은 어떨까? 궁금해지고 키워보고 싶고 자꾸만 생각하게 되어 삶에 대해서 자학이나 자살과 같은 나쁜 생각을 할 수 없으며, 새롭게 기대하면서 개화가 기다려지므로 시간이 흐르면서 점차 삶의 의욕이 꿈틀대고 삶에 의욕이 충만해지게 됩니다.

이처럼 식물에게 배우면서 삶에 대한 생각이나 철학이 바뀌기도 합니다.

인간의 다양성을
존중합니다

　다양한 식물이 제각각의 방법으로 자라나는 것을 심도 있게 지켜보면서 인간의 다양성도 인정해야 하고 존중해야 한다는 것을 배웁니다. 식물에게서 인간의 독특한 개성과 다양성을 인정해야 하는 당위성을 배웁니다.

　식물과 벗하면 사물을 보는 시각이 달라집니다.

　식물 하나하나 살아가는 방법이나 모양 색깔 크기 등이 같은 것은 단 한 번도 없답니다. 어쩜 그리 개성이 독특하고 나름 고집이 있고 환경에 잘 적응하면서 스스로 잘 자라는지 놀라울 정도입니다.

　제가 키우고 있는 몇 종류 안 되는 식물들과 그동안 키워왔던 식물들을 돌이켜 보면 좋아하거나 싫어하는 성향이 모두 다를 뿐만 아니라 식물 각자 개성이 뚜렷합니다.

 이러한 다양성을 가진 식물에게서 배우는 우리는 또 인간의 개성 있는 표현의 다양성도 인정하고 이해할 수 있어야 한다고 생각합니다.

 인간의 표현에 다양성을 인정하지 않으면 우리는 살면서 사람들로부터 상처를 많이 받게 됩니다.

 부겐베리아의 경우 가는 철사로 묶어주지 않는 한 자기 마음대로 자유롭게 뻗어 나가면서 매우 잘 자랍니다. 이젤도 올라타고 에어컨도 기어올라 천장까지 닿아 낚싯줄을 이어주면 천장에서 또 다른 곳으로 거칠 것 없이 자랍니다.

 아마도 집 밖에서 자란다면 더 크게 더 높이 자라서 더 많은 꽃을 피워 사람들로부터 사랑받을 텐데 하는 생각이 들자 조그만 화분 속의 부겐베리아에게 조금 미안한 생각이 들었습니다.

 화분에 가두고 기르기엔 성향이 너무 하늘로 치솟기에 씨앗을 받아서 이천 친구에게 키워보라고 주었습니다. 지금 생각하면 화분 채로 줄 걸 후회됩니다.

 이렇게 식물을 키우다 보면 말 못 하는 식물의 입장에서 생각해 보게 되므로 인간관계에서도 저절로 상대방의 입장에서 생각해 볼 수 있게 됩니다.

 오늘은 2020년 4월 16일!

식물에게 지성적으로 배우기

우리가 기억해야 하는 그 날입니다.

우리가 기억하고 더 이상 그와 같은 억울한 아픔을 만들지 않도록 영원히 뼈저리게 새겨야 하는 그 날입니다.

꽃 중에서 가장 아름다운 꽃이 사람 꽃이라 했던가요.

그 예쁜 꽃들이 채 피어보지도 못하고 네모난 교실에서 미래의 꿈을 위해 즐거움을 억누르며 봉오리로 살다가 모처럼 햇살 받으러 나온 날이라서 더욱 마음이 짠합니다.

6년 전 오늘도 벚꽃이 흩날리는 잔인하도록 아름다운 봄날이었건만 여전히 오늘도 햇살에 반짝이는 벚꽃이 애잔하니 예쁩니다.

세월이 약이라지만 자식을 가슴에 묻은 사람은 세월이 지나면 지날수록 그리움이 켜켜이 쌓여 그 슬픔이 더욱더 커진다는 것을 시어머니를 통해서 지켜봐 왔기에 조금은 이해할 수 있겠지만 어디까지나 이해일 뿐 모두 알 수는 없는 일입니다.

두 분께서 얼마나 사무치게 그리웠으면 자식 곁으로 갔을까 헤아려 보지만 안타까운 마음에 먹먹하기만 합니다. 그러나 우리가 슬픔을 모두 이해할 순 없어도 세월호의 아픔을 기억할 수는 있습니다. 기억해야 하고 말고요.

6년 전 어느 날, 못다 핀 꽃들을 위해 애도하는 마음으로 우리 아파트 전체 소등하기 운동을 한 적이 있습니다. 저는 이 소식을 듣고 너무 어이가 없었습니다. 사람마다 애도하고 슬픔을 표현하는 방법들이 각각 다른데 꼭 불을 꺼야 하는 이유가 납득이 되지 않았답니다.

그 차디찬 바닷물 속 칠흑 같은 어둠 속에서 두려움에 떨며 고통 속에 하늘나라로 갔을 못다 핀 영혼들을 잠시라도 다시 깜깜한 어둠 속에 갇히게 하고 싶지 않았기 때문에 도저히 찬성할 수 없었습니다.

제사를 지낼 때에도 촛불을 밝히고, 광화문 광장에서 촛불을 밝히며 애도했듯이, 저는 아무 때라도 문득 못다 핀 꽃들이 생각 날때면 온 집안의 전등을 모두 켜놓고 아주 잠시 동안이지만 온 세상을 환하게 비추는 마음을 담아 그들에게 미안함을 표현합니다.

이것이 제가 못다 핀 꽃들을 기억하는 방식입니다.

다른 사람들도 표현 방법에 다소 차이가 있을 뿐 대한민국 국민이라면 모두 못다 핀 꽃봉오리들에게 미안함과 억울한 죽음을 당한 모든 영혼에게 안타까운 슬픔을 간직하고 기억할 것으로 생각됩니다.

우리는 모두 기억할 것입니다. 우리 국민 모두 못다 핀 꽃들의 유가족과 함께 영원히 기억하고 더 나은 세상을 만들기 위해 힘쓸 것입니다.

제가 힘들 때 식물을 키우면서, 식물에게 위로받고 식물에게 배우면서 생각이나 마음이 바뀌었듯이 유가족들께서도 가끔은 식물에게 관심을 돌리고 집중해 보셨으면 좋겠다는 말씀을 감히 조심스럽게 드립니다.

좋아하는 연예인을 위하여 나무를 심고 숲을 가꾸듯이 못다 핀 꽃송이들이나 우리나라에서 억울한 죽음을 당한 수많은 이들을 위하여 일정한 공간에 나무를 심고 이름표를 달아주어 그들의 넋을 위로해 주고, 가끔 유가족들이나 지인들이 그 숲에서 위로받을 수 있는 공간을 국가나 사회에서 마련해 주는 것도 좋을 것 같다는 생각을 했습니다.

현충원이나 수목장이 아니더라도 그들을 기리고 추모하며 유가족들이 맘껏 울고 위로받을 수 있는 공간, 편안한 숲 공원을 만든다면 세월이 흘러 쌓인 그리움만큼이나 나무가 자라 식물이 내뿜는 피톤치드로 위로받고 치유될 수 있는 공간이 되었으면 좋겠습니다.

봄밤, 아픔을 간직한 모든 분께 마음으로나마 꽃 화분을 드리면서 오늘 밤도 온 집안의 전등을 하나하나 정성껏 켤 것입니다.

저는 이렇게 생각합니다.

식물을 키운다는 것은 아픔을 위로하는 과정이라는 생각이 듭니다.
식물을 키운다는 것은 또 다른 인연의 시작과 같습니다.
식물을 키운다는 것은 아름다운 관계를 맺는다는 뜻이기도 합니다.
식물을 키운다는 것은 좋은 인연을 만나는 소중한 기쁨입니다.
식물을 키운다는 것은 좋은 추억을 만드는 지름길입니다.

식물을 키운다는 것은 끊임없이 이야기를 만드는 작업입니다.

식물을 키운다는 것은 지식과 지혜가 쌓이는 과정입니다.

식물을 키운다는 것은 꿈이 싹트는 과정입니다.

식물을 키운다는 것은 꿈이 영그는 시작입니다.

식물을 키운다는 것은 행복의 시작이라 생각합니다.

식물을 키우다 보면 반려식물이 됩니다.

반려식물과 함께 하는 것은 또 다른 배움의 시작입니다.

이렇게 식물에게서 하나하나 배우다 보면 자연스레 인간의 다양성도 배우고 인정하게 되며, 더 나아가 인간의 다양성도 존중하게 됩니다.

그리고 반려식물과 함께하며 배우다 보면 식물을 키우는 것이 아니라 자신이 크고 있다는 것을 자각하게 됩니다.

식물에게 지성적으로 배우기

식물에게 배우고
또 배웁니다

　몬스테라 잎과 줄기 뿌리 등을 자세히 보면서 사고하고, 잎이 크고 자라는 속도도 비슷한 여인초와 비교해 봄으로써 일반화시킬 수 있는 새로운 사실을 도출할 수 있었습니다.

　일반적으로 잎이 크거나 넓은 식물들 대부분은, 즉 극락조, 여인초, 스파트필름, 몬스테라 등은 새로운 잎이 나올 때 마치 선물용 포장지가 말려있는 모습보다 더 압착되어 돌돌돌 말린 채, 잎끝이 뾰족한 상태로 돋아나온다는 공통된 사실을 발견했답니다.

　대부분의 돌돌 말린 커다란 잎들은 일정한 기간이 흘러야만 자연스럽게 둘둘 풀리면서 잎이 펼쳐집니다. 잎끝이 뾰족하다는 것은 무엇인가를 뚫고 나오기 용이하다는 뜻일 테지요.

식물의 잎이 식물의 줄기 표면을 뚫고 나와야 하는 공통된 특성이 있으므로 잎끝이 뾰족하게 말려있나 봅니다. 줄기 표면을 뚫고 나올 때 마찰력을 최소화하고 돌돌 말린 잎이 풀어질 때 돌아가는 힘의 추진력을 극대화 시킬 수 있는 과학적 원리를 식물에게 배우는 순간입니다.

어쩌면 인류가 수렵과 어로 채취 생활을 하며 최초로 무엇인가를 뚫으려고 만든 연장이 있다면 그것은 아마도 식물의 잎이 돋아나는 현상을 보고 돌돌 말린 뾰족한 잎에서 배워 만든 것 일 수도 있겠다는 생각이 들 정도로, 매우 견고하고 튼튼하게 돌돌 말린 잎 모양에서 송곳이나 드릴, 끝이 뾰족한 타제석기가 연상됩니다.

극락조는 여인초, 몬스테라, 스파트필름 중에서 잎과 줄기가 가장 굵고 두꺼우며 외모에서 풍기는 기품처럼 새잎의 탄생도 우아합니다.

햇빛을 사방에서 받을 수 있는 식물원이나 비닐하우스에서는 상관없겠으나 일반 주택이나 아파트에서 화분에 기를 경우 극락조는 경험상 햇빛을 좋아해 몸이 전체적으로 태양을 향해 기울기 때문에 사전에 자주 화분을 돌려주면서 키우면 곧고 바르게 위로 자랄 뿐만 아니라 일조량도 풍부해져 더욱 생육에 좋습니다.

그러나 극락조 새잎이 돌돌 말려 완전히 줄기 밖으로 올라온 후부터는 잎이 완전히 펼쳐질 때까지 해를 향해 화분을 돌리지 않는 것이 좋을 것 같습니다. 잎의 앞면이 태양을 행해 펼쳐지는 것이 여러모로 좋을 것 같기 때문입니다.

이 점을 미처 생각하지 못하고 화분을 돌렸더니 극락조 서너 잎은 잎의 뒷면이 태양을 향해 서있는 상황이 벌어졌습니다.

극락조 줄기는 다른 식물들과 달리 튼튼하고 굵기 때문에 방향을 앞뒤로 바꾸거나 줄기를 틀지 못하고 교각처럼 줄기를 충분히 뒤로 젖혀 극락조 잎 앞면이 햇빛을 받을 수 있도록 우아하고 지혜롭게 휘어집니다.

이처럼 굳세지만 생명과 직결되어 꼭 필요할 때 굽힐 줄 아는 극락조의 유연성은 매우 뛰어납니다.

극락조 줄기가 햇빛을 향하는 잎을 위해 배려하면서 휘어지는 것처럼 극락조 줄기의 상황대처 능력을 닮아 우리도 자신을 위해 또는 누군가의 배려 차원에서 옳고 긍정적인 방향으로 사고의 유연함을 길러야겠다는 생각도 해봅니다.

햇살 좋은 날 극락조 잎의 탄생을 지켜보는 순간도 다른 식물들보다 기간이 짧아 기다리는 시간이 힘들지 않고 마음이 편안해집니다.

극락조 잎은 모태 줄기 아랫부분에서 뾰족한 새잎이 돋아나자마자 잎이 풀리는 모습을 누구나 볼 수 있도록 서서히 조금씩 풀립니다.

중간 중간에 극락조 잎이 펼쳐진 모습을 사진으로 남길 수 있을 정도로 하루 이틀 사이의 펼쳐지는 잎의 변화가 뚜렷합니다.

이렇게 극락조 잎이 완전하지 않지만 어느 정도 펼쳐진 후에 서서히 줄기가 자라기 시작합니다. 이처럼 극락조 잎은 줄기 밑동 부분에서 돋아나와 그곳에서 잎이 펼쳐지므로 새로 등장한 잎의 무게중심이 아래에서 느껴지므로 비교적 전체적으로 안정감이 듭니다.

펼쳐진 극락조 새잎에서 튼튼한 줄기가 위로 꼿꼿하게 자라면서 천천히 우아하게 아래 세상에서 위로 올라옵니다. 서서히 커다랗고 품위 있는 잎이 펼쳐지지만 완전히 펴지기까지는 시간이 걸리나 다른 식물의 잎들보단 비교적 쉽게 빨리 펴지는 편입니다.

주변에 튼튼한 줄기들이 쭉쭉 뻗어있기 때문에 커다란 잎이 아래에서 펼쳐진 채 위로 올라오는 과정 속에 앞과 뒤 옆의 줄기와 걸리지 않도록 다른 줄기들의 배려도 필요한 것 같습니다. 시간이 걸리긴 하지만 실제로 기존의 줄기가 벌어지거나 휘어지는 등 새로 돋아난 잎을 배려하는 모습을 지켜볼 수 있었습니다.

그러나 새잎 돋아날 때 주변의 다른 극락조 줄기들도 처음에는 별다른 조짐이나 움직임이 느껴지지 않고 아주 천천히 줄기가 벌어지므로, 화분 잎 전체의 균형감에는 빠른 영향을 미치지 않기 때문에 화분에 꽉 들어찬 느낌이 들면서 전체적으로 안정감이 있습니다.

잎이 커다랗고 구멍이 뚫려있거나 잎가가 마치 사행천처럼 구불구불 정겨운 몬스테라 잎은, 잎이 크고 뾰족하게 돌돌 말린 잎

중에서 가장 돋보이고 기이하게 보입니다.

몸짓언어 스물다섯에서 몬스테라 잎이 돋아나 자라나는 모습을 자세히 묘사했으므로 여기서는 더 이상 언급하지 않을 것입니다.

네 가지 식물 중에 가장 생명력이 왕성한 스파트필름은 키우기 쉽고 포기를 나누어서 뿌리에 상처가 나도 어디에서나 잘 자랍니다.

여기저기에서 뾰족뾰족 마구 돋아나는 잎들이 돌돌 말린 채 무성한 잎들 사이로 얼굴을 내밀면 마음도 풍성한 초록으로 물든답니다.

스파트필름 줄기에서 꽃대가 돋아나와 뾰족한 꽃봉오리가 자라 잎 모양의 꽃이 한 장씩 피기도 합니다. 단 한 장의 단순한 꽃잎이긴 하지만 가끔 뽀얗고 하얀 속살을 드러내며 도깨비방망이 같은 수술을 달고 나와 아름답고 진한 향기를 뿜어내기까지 하니 초록 잎 위에 떨어진 하얀 꽃가루를 닦으면서도 행운을 줍는 것 같아 마냥 행복합니다.

스파트필름은 다른 잎과 비교하면 별로 크지도 않고 멋지지도 않은 대신에 여러 송이의 꽃을 피워 향기로 위로를 주며, 풍성하고 소담스럽게 잎이 자라 사람들과 신선한 공기와 사랑을 주고받으며 사는 것인가 봅니다.

이처럼 자신에게 조금 부족한 부분이 있다면 향기 짙은 스파트필름 꽃처럼 다른 것으로라도 채우려는 노력을 해야겠다는 시사점도 찾을 수 있습니다.

부끄러운 일이지만 줄기에서 새잎이 돋아나고 줄기에서 하얀 꽃봉오리가 솟아나는 모습을 직접 눈으로 확인하기 전까지는 모든 식물의 뿌리에서 새잎이 돋아나는 줄로 알았답니다. 그러나 직접 식물들을 가꾸고 키워보니 제 생각이 틀렸다는 것을 알고 약간 놀랐습니다.

우리가 초등학교 탐구생활에서 배우고 가르친 식물의 물관, 체관 등 관다발 구성처럼 일년초 식물과 비교해 다년초 식물에 대한 언급도 확산적 사고를 위한 비교 차원에서 교육 내용 속에 약간 추가해 넣어줄 필요가 있다는 생각이 들었습니다.

뿌리에서 줄기와 잎이 돋아나 자라기도 하고 때로는 줄기에서 새 줄기가 돋아나고 줄기에서 꽃대가 나온다는 간단한 사실만 언급해 줘도 다년초 식물에 대한 관심을 갖기에 충분할 것 같다는 생각이 듭니다.

이 책을 읽으신 선생님께서는 꼭 수업시간에 학생들에게 좀 더 생각해 보고 관심을 갖도록 다년초 식물의 줄기 속을 살펴볼 것을 간단히 언급해 주시거나 과제로 내주시면 좋을 것 같습니다.

물론 수준에 맞는 교육도 좋지만 상황에 따라 때론 촉진적인 입장에서 높은 수준을 간단히 언급해 줄 경우 매우 효과적이었다는 경험을 말씀드리면서, 제 개인적인 의견이 아닌 촉진적인 입장을 주장하는 교육학자들의 주장을 반영해 수업에 적용해 본 결과로 내린 결론이므로 누구에게나 수준에 맞게 적용 가능한 교육 방법이라 할 수 있습니다.

집에서 기르고 있는 잎이 돌돌 말려 나오는 여러 식물 중에서 가장 늦게 돋아나온 극락조 새잎이 가장 빨리 풀리기에 어떤 잎이 가장 늦게 풀릴 것인지, 왜 그러한 현상이 일어나는지의 원인이 갑자기 궁금해졌답니다.

혹시 잎의 크기나 두께에 영향을 받을 수 있겠다 싶어 자세히 관찰해 봤더니 잎의 크기에 관련이 있다면 가장 잎이 큰 몬스테라 잎이나, 가장 작은 잎인 스파트필름이 가장 빨리 풀려 펼쳐진 잎으로 자라야 하는데 아닌 것으로 보아 잎의 두께와 관련이 있는 것으로 추정할 수 있었습니다.

만일 돌돌 말린 뾰족한 잎이 펼쳐지는 속도가 잎의 두께에 기인한다는 추론이 맞는다면 가장 두꺼운 극락조 잎이 가장 빨리 펼쳐질 것이고 가장 얇은 스파트필름 잎이 가장 늦게 펼쳐질 것이라는 예측도 가능하게 됩니다.

실제로 관찰한 결과 극락조 여인초 몬스테라 고무나무 스킨답서스의 돌돌 말린 잎들로 비교하자면 양지보다 음지에서 자란 돌돌 말린 가장 얇은 잎이 완전히 펼쳐지기까지의 시간이 가장 오래 걸립니다.

이러한 식물의 현상에 대한 예측이 맞는다면 우주에 쏘아 올릴 어떠한 물체도 적당한 온도와 함께 두께의 얇고 두꺼운 정도에 차이를 두고 만들어 뾰족하게 돌돌 말아 쏘아 올린 후 자동으로 펼쳐지는 시간을 예측해 사용해 볼 수 있겠다는 엉뚱하지만 재미있는 상상도 해봅니다.

어느 날 고개를 들어 여인초 잎을 바라본 순간, 팽이처럼 빙그르르 돌며 새잎의 반이 순식간에 풀어지면서 절반만 펼쳐지는 상황을 목격했답니다.

어찌나 빨리 돌아가며 풀리던지 경이롭다는 생각이 들더군요. 커다란 잎의 윗부분은 말린 채 그대로 있어 팽이처럼 가운데 축이 되어 힘을 받은 상태에서, 무게가 나가는 아랫부분의 잎 반쪽이 찢어져 풀리면서 탄력을 받아 순간적으로 팽이처럼 빙그르르 매우 빨리 돌아가면서 풀렸을 것으로 생각됩니다.

이렇게 여인초 잎의 반은 펼쳐지고 윗부분 반은 뾰족한 모양으로 돌돌 말린 채 며칠이 지나도 그대로 있기에, 면도칼 끝으로 붙어있는 곳을 살짝 그어주고 입김을 불어 넣기도 하고 거실 온도를 올려도 꼼짝하지 않았습니다.

잎이 활짝 펴지길 기다리고 기다렸으나 평소보다 늦고 감감무소식이기에 무슨 문제라도 있는가 싶어, 여인초 잎 한쪽 가장자리가 길게 꽉 붙어있는 귀퉁이를 손톱으로 살짝 떼어내려 해도 떨어지지 않아 강제로 잎을 펼칠 수가 없었습니다.

먼저 펼쳐진 아래쪽 잎 반은 초록색이 점점 짙어 지고 있는데 그대로 두면 나중에 윗부분의 잎은 연한 연두색으로 연약해질 것 같고, 잎의 부조화와 성장의 균형이 깨질 것 같아서 상처 날 것을 예상하면서도, 잎 뒷면에 붙은 갈색 접착테이프처럼 보이는 곳을 강제로 0.5mm 정도 떼어놓았더니, 서서히 아주 느리게 절반의 돌돌 말린 잎이 겨우 풀어졌습니다.

이처럼 돌돌 말린 뾰족한 잎 가장자리가 반만 먼저 풀리는 경우가 있는데, 완전히 펼쳐지면 여인초 잎 정중앙 잎맥을 중심으로 절반이 찢어진 상처 난 잎을 두고두고 볼 수밖에 없는 마음 아픈 상황도 발생합니다.

아직도 잎 뒷면에 마른 접착테이프가 붙어있는 것 같은 상처 20cm 정도가 길게 남아있고 잎도 완전히 펴지지 않은 채 한쪽 귀퉁이만 말려있어 볼 때마다 아픈 손가락으로 느껴집니다.

찢어진 잎 뒷면에 딱 붙어있던 갈색의 풀이나 얇은 접착테이프가 붙어있는 듯한 상처 부위는 한 달 반 정도 시간이 흐르면서 잎의 뾰족한 끝부분부터 마르기 시작해 조금씩 매우 천천히 떨어져 나가기 시작합니다. 속도로 보아 서너 달은 소요될 것 같습니다.

두 달 정도 지나 새로 알게 된 사실이지만 여인초 잎 뒷면의 상처 부위라 생각했던 20cm 갈색 선은 상처가 아니라 식물 스스로 만들어 낸 자연유래 성분의 접착제 역할을 하던 부분이 물리적 힘에 의해 억지로 떨어지면서 잎이 돌돌 말린 채 잎 뒷면에 붙어 있던, 아니 완전 밀착 또는 압착되어 붙어있던 얇은 테이프 막이 스스로의 힘으로 떨어지지 못하고 손가락으로 떼어주었기 때문에 잎이 돋아날 때 붙어있던 그대로를 유지한 채 띠처럼 붙어있었던 현상이었답니다.

여인초 잎의 이러한 특수 상황은 새로 나온 잎이 보통 잎들의 크기보다 서너 배 넓고 컸기 때문이라는 판단이 섭니다. 주변 잎들과 비슷한 크기로 새잎이 돋았더라면 잎이 풀리면서 찢어지는 고통은 없었을 것으로 생각됩니다.

　시간이 흘러 찢어진 여인초 잎의 줄기에서 돋아난 새 여인초 잎은 더 크고 넓었으며 너무 잎이 큰 탓인지 이번에는 돌돌 말린 잎의 $\frac{2}{3}$ 가 먼저 풀려 찢어지더니, 며칠을 기다려도 나머지 돌돌 말린 잎이 스스로 풀리지 못하기에 경험을 살려 제가 물리적 힘을 가하여 접착 띠 부분을 살짝 떼어주었습니다.
　이 과정에서 찢어진 잎의 반이 또 찢어졌으며 한 달이 지난 후에도 잎이 완전히 펼쳐지지 못한 채 자라고 있으며, 또 다른 포기에서 새잎들이 돋아나 자라고 있어, 양쪽 균형감의 단아한 자태를 뽐내던 여인초가 지금은 어수선한 상태입니다.

　여기서 분갈이할 때 영양이 과도했었나 반성도 해보면서 식물도 사람의 경우처럼 넘치는 사랑과 영양은 모자람만 못하다는 생각과 함께, 자신을 감당할 수 있을 정도의 실속 있는 크기로 자라야지 버겁고 주체할 수 없을 정도로 덩치만 큰다면, 새잎이 펼쳐지는 순간 두 장이나 찢어진 여인초 잎처럼 돌이킬 수 없는 치명적인 상처나 실수가 따라올 것이라는 생각이 들었습니다.
　저도 감당할 수 있는 만큼의 실속 있는 삶을 꾸려 상처받지 않고 살아야겠다는 생각에 이르게 되었습니다. 이렇게 식물 잎의 새로운 탄생에서도 새로운 것들을 배우고 또 배우게 됩니다.

식물화분 하나로
세상을 바꿉니다

　예전의 저는 세상을 화분 하나로 바꿀 수 있다고 한다면 믿지 않았을 겁니다. 그러나 화분에 식물을 키우면서 지금은 충분히 세상을 바꿀 수 있는 밑거름이 될 수 있다고 생각합니다.

　제가 실내에서 식물을 화분에 키우다가 식물과 벗이 되었고 이 제는 반려식물이 되어 교감하면서 "식물에게 배우다"라는 책을 쓴 것만 봐도 식물은 저를 충분히 변화시켰다는 생각이 듭니다.

　제일 먼저 반려식물은 인간의 사고를 긍정적인 방향으로 변화 시키는 묘한 매력이 있답니다.
　작은 식물화분을 선물하는 것은 준비하면서 손수 전달하기까지 다른 공산품 선물보다 정성이 많이 들어갑니다.

행여 꽃이 떨어지고 잎이 꺾일세라 가슴에 안거나 화분에 안전 벨트를 메어주기도 하고 혹은 승용차 트렁크 안에서 쓰러져 뒹굴지 않도록 상자에 신문지를 구겨 채우는 등 그 노고를 알기에 받는 사람도 더욱 행복해지는 것입니다.

훗날 식물의 재배 방법이나 분갈이 등 뒷이야기로 두 사람 사이가 더욱 돈독해지기도 합니다.

또한 누군가에게 실망했거나 아무리 화가 나도 화분에 물을 주며 꽃이 피고 지고 열매 맺어 떨어지는 과정이나 여린 줄기가 시간이 지나면서 굵어지는 변화, 또 어린 새싹이 돋아나 싱싱한 커다란 잎이 위로 쑥쑥 자라나는 모습을 보고 있노라면 저절로 마음이 차분해 지면서 긍정적인 사고로 이어집니다.

이러한 인간의 긍정적인 사고는 주변인들과 긍정적인 대화를 유도하게 되고 소집단의 긍정적인 변화로 긍정적인 사회의 마중물 역할을 충분히 할 수 있으리라 생각합니다.

둘째, 반려식물은 기후변화 즉 지구 온난화 방지의 마중물 역할을 할 수도 있습니다.

대부분 누구나 처음엔 입학, 입주, 생신, 개업, 승진선물 등 화분 하나로 시작하지만 세월이 흐르면서 촉을 나누어 심거나 분갈이를 해주게 되며 기르고 싶은 식물 종류도 생겨납니다.

실내에서 키우기 벅차면 정원에 옮겨심기도 하고 저처럼 정원이 없으면 지인들에게 분양해 주면 됩니다.

어쩌다 타의에 의해서 식물을 기르기 시작하지만 나중엔 식물의 매력에 푹 빠지게 되고 반려식물과 함께 녹색 세상을 꿈꾸면서 화분에 물을 주게 됩니다.

반려식물과 함께하면 태양과 하늘을 자주 보게 되고 반려식물이 좋아하는 온도를 유지하기 위해 에어컨이나 보일러를 오래 틀지 않게 되고, 나중엔 거실보다 식물이 더 많은 자연의 숲을 걸어서 찾게 된답니다.

또한 소의 트림과 방귀에서 내뿜는 메탄가스가 오존층을 파괴하는 심각성에 비하면 식물은 이산화탄소를 흡수하고 신선한 공기를 내뿜어 선선한 기온을 제공해 줌으로써 공기청정기나 가습기 등 전자제품 사용을 줄일 수 있어 전기 절약을 할 수 있으므로 궁극적으로는 지구 온난화 방지에 도움이 될 것입니다.

정원에 나무 한 그루 심고 실내에서 식물화분 하나 곁에 두는 이러한 작은 변화들이 지구 온난화 방지 노력의 첫걸음이라 생각합니다.

셋째, 반려식물과 함께하면 육체적 정신적으로 건강하게 됩니다.

제 반려식물들은 대부분 공기정화 식물이며 미세먼지로 인해 창문을 열기 곤란한 날에도 반려식물이 있어 조금 안심이 됩니다.

좋은 공기를 마시게 되고 싱싱하고 생기 있는 식물을 바라보면서 좋은 기운을 느끼게 되고 더불어 좋은 생각을 하게 되며, 집안 곳곳을 걸어 다니며 20~30분 정도 화분에 물 주는 육체노동을 하고 나면 기분이 산뜻해질 뿐만 아니라 겨울에도 적당한 습도를 유지할 수 있어 심신의 안정은 물론 삶의 질 향상에 기여합니다.

 넷째, 반려식물과 함께하면 세상을 좀 더 이해하게 됩니다.
 유심히 관찰해 보면 식물 세계나 인간세계나 별반 다를 것이 없다는 생각이 듭니다. 비록 작은 화분 속 식물의 세계지만 변화무쌍한 일들이 계속 일어납니다.
 농원에서 잘못 사온 흙으로 분갈이 한 새 화분에서 벌레나 작은 곤충들이 부화해 연중 내내 곤혹을 치르게 됩니다. 가을의 끝자락인 어제는 난데없이 갓 태어난 작은 파리 두 마리와 추격전이 벌어졌답니다.
 식물이 잘 자라고 있는 화분에 여름부터 작은 버섯이 올라와 뽑아버려도 계속 올라오는 걸 보면 포자가 떨어져 증식되기 전에 뽑아버려야겠다는 생각을 하면서 지금처럼 새벽부터 그곳을 주시하게 됩니다.
 분갈이로 이미 식물이 스트레스를 받은 상태라 새 흙을 갈아줄 수도 없고 두 포대나 사와 화분 여기저기에 이미 나누어 흙을 보완해 주었으니 어쩔 수 없이 손 놓고 기다려야만 하는 상황도 벌어집니다.
 동물처럼 식물의 갓 피어난 생명도 더욱 사랑스럽습니다. 나뭇가지 기존의 초록 잎 위에 돋아난 연두 잎의 조화는 대비가 되어 단순하지만 그 어느 화가의 그림보다 아름답습니다.
 여인초의 경우 미처 분갈이를 못 해줄 경우 작은 포기는 도태되기도 합니다.

식물이 주변 환경에 민감하게 반응하고 적응을 잘하는 점도 우리가 배워야 합니다. 식물은 머물고 나서 떠나야 할 때를 잘 알고 어김없이 그 예정된 시간의 약속을 지킵니다. 이처럼 크고 작은 문제점들을 해결하면서 반려식물과 함께 배우다 보면 저절로 삶의 지혜도 배우게 됩니다.

다섯째, 반려식물과 함께하면 희망을 노래하게 됩니다.

극락조 줄기 하나에서 동시에 극락조 잎 두 장이 꼬깃꼬깃 포개져 나와 각각 가운데 잎맥이 붉은색과 아이보리색을 띠며 펼쳐지는 모습을 보면서 마치 작은 기적의 순간을 곁에서 지켜보는 것 같아 제가 태어나 처음으로 운이 참 좋다는 생각을 하게 되었습니다.

나만의 공간 이곳저곳 어느 곳을 둘러보아도 초록 화분이 있고 여기저기서 연둣빛 새싹이 돋아나고 있는 광경은 마치 새싹들의 발돋움처럼 자신도 좋은 일이 일어날 것만 같은 희망이 부풀어 올라 삶의 의욕이 충만해집니다.

창밖엔 단풍이 물든 계절이지만 제 화분엔 새잎이 돋고 있는 무엇인가 새로 시작해야 할 것만 같은 가을입니다. 이렇게 아는 사이 또는 시나브로(모르는 사이에 조금씩 조금씩) 반려식물과 함께하다 보면 나 우리 가족 학교 사회로 확산되어 우리가 점차적으로 세상을 바꿀 수 있다고 생각합니다.

작은 식물화분 하나로 인하여 제가 바뀌었습니다. 그래서 작은 식물화분으로 인한 인간의 긍정적 작은 변화가 세상을 바꿀 수 있다고 생각했습니다. 식물이 긍정적인 방향으로 세상을 바꿉니다. 식물화분 하나로 세상을 바꿉니다. 일종의 긍정적 나비효과인 셈이지요.

화분을 사기 위해 줄서기 이벤트를 여는 현상이 코로나-19로 인한 방콕, 집콕 생활의 일시적 현상이 아닌 우리들의 일상이 되어 반려식물 곁에서 마음의 안정과 여유를 즐길 수 있는 세상을 '나'와 '우리'가 만들 수 있다고 생각합니다.

이렇게 식물화분 하나로 세상이 바뀔 수 있음을 믿습니다.

식물에게 지성적으로 배우기

식물에게
자유를 배웁니다

"식물에게 배우다"라는 글의 탈고를 나름대로 마치고 산뜻한 마음으로 11월 2일 새벽 양양으로 출발해 두 아들과 함께 구름에 갇혔던 황홀한 해돋이를 즐기면서 느긋하게 해안 도로 드라이브를 만끽했습니다.

가을 태풍 파도에 떠밀려 나온 통나무와 잔가지 부스러기들을 쌓아놓은 무더기들이 아직도 여기저기 흩어져 있어 바닷가 모래 사장이 조금 어수선하긴 했지만 식물들은 사람과 달리 죽어서 자유를 누린다는 생각이 문득 뇌리를 스쳤습니다.

추석 지난 어느 날과 엄마 생신날을 합쳐 올해 세 번째 만나는 바닷가 모래사장 위에 여기저기 나뒹구는 나뭇가지와 널브러져 있는 통나무 더미들이지만 이번엔 너저분하다기보다는 친근감마저 들었으며 그렇게 자유로워 보이기는 처음 느끼는 이상한 감정이었습니다.

사람과 달리 식물은 삶의 가치나 죽음의 가치 비중이 비슷하며 특히 죽음 앞에서는 더욱 자유로워지는 것 같습니다.

태풍이 수차례 지나간 양양지역 해안가에 밀려 나온 나무들이 너무 많아 마을에서 감당하기 어렵고 군청에서 짧은 시간에 처리하기도 어려운 상황이라 해변에서 오랜 시간의 방치가 통나무 입장의 여유와 자유로움으로 비쳐 상상하게 된 계기가 된 것 같습니다.

또한 노쇠하신 92세 엄마를 뵐 때마다 이번이 마지막일지도 모른다는 막연한 슬픔과 불안한 감정을 떨쳐버릴 수 없었던 것도 자유나 죽음을 생각하게 된 계기가 된 듯합니다. 즉 식물은 죽는 것이 아니라 죽음으로써 다시 새로 태어나는 것 같습니다.

식물이 가장 소중한 생명을 버림으로써 다시 새로운 가치를 부여받게 되고 스스로 나뭇잎을 떼어냄으로써 물이나 바람에 실려 붙박이 생활을 청산하고 비로소 자유를 찾게 되는 것 같습니다.

나무가 움직이지도 못하고 제자리에 서서 수십 년을 자라지만 죽는 순간 자유를 얻게 되어 물길 따라 둥둥 떠내려가 자유여행을 하며 어느 해안가 모래사장에 머물게 되고, 어느 마을의 솟대가 되기도 하고 가늘고 멋진 나무는 지팡이로 다시 태어나 어느

식물에게 지성적으로 배우기

집 마당과 시장을 누비며, 뿌리가 뽑힌 채 떠내려가던 나무는 설악산 권금성 밑 하천에 쓰러진 채 잎을 틔우고 있고, 또 어떤 나무는 부석사 무량수전 배흘림기둥이 되어 600년 넘게 뭇사람들의 사랑을 받는 등 그동안 미처 생각 못 한 식물의 윤회를 잠시 생각하게 되었습니다.

이른 아침 속초 관광시장에 들러 엄마 좋아하시는 대게를 쪄서 아침 식사시간에 맞추어 친정에 들렀습니다. 군인 아저씨가 된 두 손자의 절을 받으시고 기뻐하시는 모습에 코끝이 찡했습니다. 입대 전 뵈었을 때 건강이 악화되셔서 걱정이 컸었는데 두 발로 꼿꼿하게 벌떡 일어나시고 하얀 대게 속살을 맛있게 받아 잡수시는 모습을 뵈니 너무너무 감사하고 흐뭇했습니다.

오후에 중도문로를 지나 설악산 가는 길, 가녀린 나무였던 길가 양쪽 벚나무들은 30년 세월이 흘러 웅장한 나이테를 자랑하며 형형색색 낙엽들을 수북하게 쌓아놓아 연륜이 느껴졌으며, 간간이 남아있는 설악산 특유의 곱고 아름다운 단풍 길, 교통체증에 시속 20km를 달리지 못해도 사촌 동생들과 물놀이하던 옛 추억에 젖어 지루한 줄 모르고 설악산에서 흘러내려 오는 익숙하고 다채로운 하천 풍경을 즐겼습니다.

사람은 시간이 흐르면 흐를수록 쇠약해지지만 나무는 자라면서 더욱 아름답고 풍성해지는 단풍은 물론, 그 자태가 점점 멋있어지며 수백 년 지난 나무 앞에서는 경외감과 함께 저절로 숙연해 짐을 신흥사 계곡에 앉아 느꼈으며, 주변 계곡의 예쁜 단풍들을 주인공으로 해서 우리는 여러 장의 추억을 담았습니다.

드디어 늦은 오후 설악산 마지막 단풍을 즐기러 권금성에 올랐습니다. 케이블카를 타고 위에서 내려다본 단풍들은 나무 크기만 조금 커졌을 뿐이고 30년 전처럼 여전히 보글보글, 뭉실뭉실, 몽글몽글, 동글동글, 울퉁불퉁, 아기자기한 모습이었으며 우리는 늦가을 정취에 매료되어 눈을 뗄 수 없었습니다.

자연은 여전히 그대로인데 크게 달라진 점이 있다면 제 마음과 제 모습, 그리고 지금은 두 아들이 곁에 함께 있다는 겁니다.

혼자였던 제가 30년이 지나 새언니랑 두 아들을 동반하고 권금성에서 발아래 굽이굽이 동해로 흐르는 하천과 멀리 하늘과 맞닿은 푸른 바다를 감상하다 보니 감개무량해졌으며 권금성에 머무르는 내내 인간의 변화에 비하면 자연은 그리 빨리 변하지 않는다는 것을 직접 확인할 수 있는 소중한 시간이었습니다.

지레짐작으로 엄마를 모시고 오지 않은 것을 후회하면서 다시 친정에 들러 내년에는 꼭 함께 권금성에 오르자는 약속을 받아내고, 열심히 운동하셔서 체력 보강을 하시겠다는 엄마의 환한 웃음을 뒤로 하고 밤늦게 서울 양양 고속도로를 달려왔습니다.

식물에게 지성적으로 배우기

다음 날 아침 설악산에 눈이 왔다는 뉴스를 듣고 우리 가족이 설악산의 포근한 품속에서 마지막 늦가을 정취를 맘껏 즐길 수 있도록 허락해 준 설악의 자연에게 무한 감사의 텔레파시를 보냈습니다.

두 아들 외할머니께 인사도 드릴 겸, 어머니 모시느라 힘드실 외삼촌과 외숙모께 위로 차 다녀온 친정, 어제 당일치기였지만 설악산의 좋은 공기를 마셔서인지 피곤한 줄도 모르고 아침을 먹자마자 기분 좋게 만장일치로 남한산성에 올랐습니다.

바람이 많이 불어 낙엽들이 빙그르 돌며 여기저기 흩날리다 떨어지는 차창 밖의 풍경은 또 다른 묘미의 늦가을 풍경이었습니다.

제가 제일 좋아하는 남한산성 나무터널 일방통행 길에선 한창 단풍 든 낙엽 쇼가 진행 중이라 차를 멈춘 채 오래 머물고 싶었지만 마음뿐 천천히 아주 천천히 낙엽들의 위대한 쇼를 즐기면서 4박 5일 신병 위로 휴가의 아쉬움을 기쁨으로 채웠습니다.

이렇게 우리는 가까운 눈앞에서 우수수 떨어지는 낙엽들로부터 또 다른 늦가을 정취를 흠뻑 느낄 수 있었으며 두 아들도 난생 처음 만나는 만추의 남한산성 풍경에 푹 빠져 어린아이처럼 좋아하는 모습에서 행복은 만들어 가는 것임을 확신하게 되었습니다.

올해는 군 생활의 피곤을 풀어주기 위해 자동차 드라이브를 했으나 후년 가을엔 등산을 약속하면서 남한산성을 내려오는 길에도 여전히 단풍잎들은 자유롭게 흩날리고 있었습니다.

혹시라도 자동차 지나가는 가속도 붙은 바람결에 매달린 몇 잎 남지 않은 낙엽들이 떨어질까 봐, 또 다른 누군가의 행복한 산행을 위해 최대한 조심조심 천천히 굽은 길을 내려왔습니다. 앞으로는 바람 불어 좋은 늦가을 아니 초겨울 어느 날을 자꾸 기다리게 될 것만 같습니다.

자유가 구속된 병영 생활로 다시 돌아가야 하는 아들이, 자유롭게 날아다니다가 여기저기 뒹굴며 바람에 우르르 몰려다니다 다시 하늘로 솟구쳐 빙그르 자동차 앞 유리에 떨어지는 자연의 귀하디귀한 위대한 단풍 쇼를 보면서 잠시라도 규율에서 벗어나 맘껏 자유를 느끼면서 웃을 수 있어 참 다행이라는 생각이 들었습니다.

문득 수년간 우리 집 화분 속에서만 피고 있는 오렌지 재스민도 향기로 공간을 자유롭게 누비면서 사람들의 코와 눈을 통해 몸속을 넘나든다는 것을 자유롭게 흩날리며 춤추는 낙엽 쇼를 보면서 연상할 수 있었습니다.

움직이지도 못하고 조그만 화분 안에서 사느라 답답하겠다는 생각을 물 줄 때마다 잠깐씩 했었는데, 제 마음이 답답했던 것이며 오렌지 재스민 식물도 나름 자기만의 방법으로 자유롭게 살수도 있겠다는 생각이 들었습니다.

향기로 갈 수 없으면 열매나 색으로 유혹해 오도록 만들고 아니면 바람 곤충 동물 사람의 힘을 빌려 꽃가루나 씨앗을 보내고 나뭇잎을 떨구어서라도 자신의 의사표현이나 살 궁리를 제각각 자유롭게 한다는 것을 말입니다.

식물에게 지성적으로 배우기

사계절 거실에서 피어나는 오렌지 재스민은 짙은 향기의 꽃으로 자유로워지고 난 후 초록의 동글동글 오동통한 작은 볼이 자라 오렌지처럼 붉은 열매로 사람들을 유혹해 다시 태어나고, 가지마루는 몸의 일부를 잘라 흙이나 물속에서 새롭고 빠르게 뿌리를 내려 자유를 만들어 내며, 호접란은 열매가 맺지 않으니 꽃잎을 떨굼으로써 영원한 자유를 만들며, 몬스테라는 굵고 긴 줄기와 뿌리로 여기저기 왔다 갔다 하며 붙박이 삶 속의 질서 있는 자유를 만듭니다.

　이번 당일 여행의 가장 큰 수확은 키워주신 외할머니께 군 전역한 듬직한 손자와 대한의 아들 육군 상병 손자가 문안 인사드린 것도 의미 있었지만 무엇보다도 남한산성에서 자유롭게 날아다니는 낙엽을 보며 자유의 의미를 연상할 수 있었던 것입니다.

식물에게서
비우는 법을
배웁니다

오늘은 2020년 12월 1일입니다.

코로나-19 장기전으로 인해 상병 달고서야 겨우 4박 5일 신병
위로 휴가 나왔던 아들은 장성 포병학교에서 외부 교육생 중 중
위 확진자 1명이 발생해 열흘 동안 생활관 밖으로 나갈 수 없으
며 외부에서 도시락이 배달되고 자유를 박탈당한 격리생활을 하
고 있다고 합니다. 혈기왕성한 청년들이 얼마나 답답할까 안쓰럽
지만 크게 걱정은 하지 않습니다.

동물과 식물을 구별함에 있어 움직일 수 있고 없고를 들 수 있
는데 다소 차이는 있겠지만 조금 과장된 표현을 하자면 커다란
동선의 자유가 없는 요즘 우리 삶은 식물의 삶과 별반 다를 것이
없다고 생각됩니다. 식물은 화분 속에서 저는 집안에서 대부분을

보내고 있으니 말입니다.

그러나 동물은 비교적 부드럽고 탄력성 있는 세포막으로 이루어져 있고 식물은 세포막 바깥에 다시 단단한 세포벽이 둘러싸고 있으니 부드러운 것이 강한 것을 능가한다는 이유극강의 논리라면, 식물과 비슷한 단기간 폐쇄된 삶일지라도 단단한 세포벽이 없는 사람인만큼 사고의 유연성을 발휘해 부대 내 격리생활도 유연성 있게 잘 이겨내리라 생각합니다.

다행히 신병 위로 휴가 시 넓은 바다와 설악산의 기개, 남한산성의 만추를 맘껏 담고 즐겼으니 잠시나마 좋은 추억들을 떠올리며 조금은 위로가 되지 않을까 싶어 제 스스로 위안을 삼습니다.

한편 요즘 브룬펠시어 재스민 잎이 병들어 울퉁불퉁해지면서 색이 변하기에 짠한 마음으로 한 잎도 남기지 않고 모조리 따버렸더니 새잎이 돋아나 가지가 축 늘어질 정도로 예전보다 더 싱싱하고 풍성한 자태를 풍기고 있습니다.

보일러가 들어오지 않는 추운 베란다에서 오로지 겨울의 짧은 일조량에만 의지한 채 영하의 12월 날씨 속에서도 새잎과 새로운 가지가 돋아나와 새싹 잎을 피워내고 있는 모습을 보면서 저도 앞으로 어떤 마음으로 살아가야 할지에 대한 생각들이 좀 더 명확해지는 듯했습니다.

'아! 식물처럼 소중한 것을 모두 버릴 줄 알아야 새로운 새것으

로 채워지는구나!'

'그럼 나는 무엇을 버려야 하지?'

욕심을 비워야 행복으로 채울 수 있고 마음의 화를 비워내야 기쁨으로 채워질 수 있음을 식물에게 배웁니다.

자신의 소중한 것과 욕심 화 미움 등을 비워내야 진정으로 나로부터 자유로워질 수 있다는 것을 식물과 가까이하면서 제 곁의 식물들이 반려식물처럼 느끼게 되어서야 온몸으로 느낍니다.

비로소 저는 마음의 짐을 모두 내려놓게 되었고 모든 것에서 자유로워졌으며 날아갈 것처럼 마음이 가벼워졌습니다.

자유와 구속이 둘이 아니고 행복과 불행이 둘이 아니며 기쁨과 슬픔이 둘이 아니란 것을 이제는 조금 알 것 같습니다.

이젠 스스로의 규범에 묶여 힘들지 않을 자신이 생겼으며 제 생각과 같지 않다고, 누군가의 이기심이나 집단 이기주의, 거짓과 불의와 억지에 스멀스멀 기어 나오는 화가 머무를 공간도 매우 작아진 듯합니다. 예전처럼 평상심을 유지할 수 있을 것 같습니다.

식물로부터 비우는 방법을 터득하게 되었고 나무가 낙엽을 떨구듯, 화분의 병든 잎을 떼어내듯이 과거의 '나'를 모두 똑 떼어버리고 나니 '나로부터 진정한 자유'를 느낄 수 있게 되었으며 이제는 다시 예전처럼 희망을 노래하게 되었습니다.

식물에게 지성적으로 배우기

8년 전 고등학교 학부모로서 학교에 대한 실망감과 친구의 배신에 치를 떨며 아들의 대학 스펙보다 더 소중한 것들을 지키기 위해 서울 이사 와서 마음 삭이며 답답해하던 차에 오빠가 데려다준 북한강과 남한강이 만난다는 두물머리(양수리)에서, 마음을 씻는다는 뜻의 세미원을 알게 되었고 연꽃 필 무렵 몇 번 들러 마음을 다독여 보기도 했지만, 뭐니 뭐니 해도 성남에 둥지를 틀고 거실 화분에 물 주면서 흘러내린 바닥의 얼룩을 닦고 잎의 먼지를 닦으면서 마음을 씻은 6년이라는 시간의 기다림에서 식물로부터 받은 가장 큰 선물이 바로 '나로부터의 자유'임을 마지막으로 고백합니다.

　결정적으로 남한산성에 올라 바람에 휘날리는 낙엽의 위대한 쇼 마지막 공연을 관람하면서 이젠 나도 타인으로부터 제자로부터 남편으로부터 형제자매로부터 자식으로부터 부모로부터 그들이 느끼는 아픔이나 슬픔이 고스란히 전해져도 더 이상 내 마음과 내 생활이 크게 흔들리지 않고 힘들어하지 않을, 온전히 자유로운 마음일 수 있겠다는 생각이 들었습니다.
　과거의 나에게서 완전히 탈피해 과거 나를 힘들게 했던 모든 생각이나 습관을 떨쳐버리고 나면 또 다른 힘든 무엇인가가 있으리라는 예견을 이제는 할 수 있기에 앞으로 펼쳐질 어떠한 희·노·애·락·애·오·욕에도 연연해 하지 않고 미소로 웃어넘길 수 있는 평상심 유지를 위해 노력할 수 있을 것 같습니다.

나무가 세상과 소통할 수 있는 자신의 전부인 나뭇잎을 때가 되면 어김없이 떼어내는 것처럼 저도 이젠 과거의 모든 나를 버리고 저의 소중한 것들을 내 안에서 내보내야 할 때임을 직감하고 나니 한결 마음이 가볍습니다.

내 맘속에서 소중한 이들을 내보내고 그들에게 자유를 부여하는 것이야말로 내 안으로부터의 진정한 자유를 얻는다는 것을 남한산성 일방통행 낙엽 길을 내리고 오르면서 알아차림 하고 실천적 의지를 실행에 옮기게 된 것도 조금 늦은 감이 있지만 그저 감사할 뿐입니다.

또한 이렇게 식물로부터 선물 받은 귀한 자유의 의미를 이제는 가족과 지인들에게도 나눌 수 있을 것 같아 다행이라는 생각도 듭니다.

제일 먼저 마스크 쓰고 그 어느 해보다도 힘든 수능을 봐야 하는 수험생들에게 자유와 해피엔딩을 응원하며 또 다른 시작은 해방감이라기보다 스스로 책임질 수 있는 좀 더 성숙된 자유임을 알고 누릴 수 있길 조심스럽게 응원합니다.

반려식물과 함께 갇힌 생활을 하면서 자유라는 해피엔딩을 노래하는 12월 3일 오늘도 식물에게서 삶의 지혜를 배우고 희망을 얻고 위로와 위안받으면서 씩씩하게 코로나-19를 이겨내고 있습니다.

사회적 거리두기 1.5단계에서 2단계로, 다시 수도권은 2.5단계로 격상된 12월 7일 어제, 그동안 격리된 채 편의점 도시락과 비슷한 식사를 외부에서 지원받고 있었던 생활관에서 설사 증상의 병사가 나와 또다시 코로나 재검을 받아야 한다는 소식은, 마치 한겨울 은고개의 낙엽 진 고목이 즐비하게 늘어선 회색빛 산등성이 색깔처럼 희뿌옇게 느껴졌습니다.

그러나 엄동설한에 추위를 견디며 새 가지를 올리고 새잎 싹을 틔우는 베란다의 작은 나무를 보면서 지금은 회색빛 암울한 거리일지라도 전 세계인이 다시 무지갯빛 거리를 자유롭게 활보하면서 자유를 맘껏 누릴 수 있는 일상을 그려봅니다.

아울러 전 세계인이 고통과 슬픔에 몸살 앓고 있는 오늘은 비록 회색빛일지라도 태양이 뜨는 한 초록 초록해질 내일은 맑음이라는 신념으로 코로나-19로부터 인류의 자유를 되찾기 위해 식물 곁에서 응원할 것입니다.

코로나-19가 진정되고 백신으로 치유가 가능해지면 또 다른 바이러스로 고통받게 되리라는 것도 가늠되기에 유일한 희망인 지구의 온난화 방지와 지구 보호를 위한 노력이 우선시 되어야 함을 홍보하는 일이라도 먼저 해야겠다는 생각이 앞서 페**북에 글을 올렸습니다.

식물에게서 시사점을 찾습니다

이 글을 엮기 시작한 날은 코로나-19로 인하여 모두가 지쳐있던 2020년 4월 2일로 기억됩니다.

삶과 죽음 앞에 누구도 자유로울 수 없었던 암울한 회색빛이 연상되던 시기에 생각보다 백신 개발도 늦어지고 이렇게 마냥 코로나-19와 함께 마스크 쓰고 조심하면서 살아가야 하는지에 대한 생각을 할 무렵 대부분의 방송 매체들은 우울증 관련 이야기로 들썩였습니다.

시간이 흘러 다행히 백신 개발이 되었지만 영국에서 발견된 변이 코로나 바이러스가 12월 28일 한국에서도 발견되었다는 소식은 한겨울 불어 닥친 한파와 함께 다시 온 국민의 가슴을 꽁꽁 얼어붙게 합니다.

저 역시 돌이켜 보면 그 누구보다도 길고 긴 회색빛 터널을 달려 빈집증후군과 심각한 우울증 증세를 호소했을 테지만 다행히도 함께하던 여러 식물 덕분에 무지개 터널을 만들며 우울한 감을 떨쳐낼 수 있었음에 감사한 지금입니다.

일상적으로 늘 곁에 있던 화분의 식물이 특별한 반려식물로 느껴졌던 것도 TV 지상파 방송 채널 및 인터넷과 와이파이를 모두 끊고 기본 방송만 유지하면서 코로나-19로 인해 두문불출했지만 그래도 식물에게 만큼은 마음의 문을 활짝 열고 다가섰던 덕분인 것 같습니다.

반려동물들처럼 움직임이나 몸짓이 그리 크진 않아도 식물도 무엇인가 표현하려는 몸짓이 분명 있음을 알아차림 하면서, 표현에 있어서 각자 정도의 차이가 있는 만큼 살아있는 모든 식물과 동물은 소중하며, 식물과 동물을 포함한 모든 생물이 살아가야 하는 자연환경을 더욱더 소중하게 보호해야 한다는 경각심에 대한 시사점을 찾을 수 있었습니다.

아울러 식물에게 관심을 갖을수록 미세먼지, 기후변화, 환경오염, 자연개발 등 여러 가지 환경문제에 대한 심각성도 우리 모두 깨닫고, 세계가 함께 앞장서서 환경문제해결을 위한 삶의 태도 변화에 실천적 가치를 우선적으로 부여해야 한다는 시사점도 찾았습니다.

흩날리는 낙엽을 보며 식물에게서 자유라는 카타르시스를 접한 후부터는 예전의 삶과 변함없이 갇힌 생활이지만 마음의 걸림이 없이 가벼워짐을 느낄 수 있었습니다. 심지어 어떠한 일을 진행함에 있어서 옳다고 판단되면 주저하지 않고 소신껏 신속 깔끔하게 처리하는 제 자신의 달라진 모습을 발견하고 내심 놀란 적도 있답니다.

나로부터의 자유를 찾고 자존감을 회복했더니 직업 부모 남편 자식 친구 동료로부터 스스로 옭아맸던 끈을 풀어버리게 되었고 더욱 그들을 사랑하고 이해할 수 있게 되었으며 짓눌렸던 어깨도 한결 가벼워졌습니다.

접을 건 접고 버릴 건 버리고 말할 건 하고 용서할 건 용서하고 포용할 것은 포용하고 나니 한결 마음 정리가 되어 깔끔해졌습니다.

제가 식물에게 마음을 활짝 열고 다가가 식물 곁에서 자아성찰의 시간을 갖게 됨으로써 용기를 선물 받고 늦게나마 자존감을 찾았듯이 혹시 사람으로부터 상처받고 닫힌 마음으로 힘들어하는 분이 계신다면 혼자 우울해하지 말고 식물이나 동물에게 마음을 활짝 열어보시기 바랍니다.

어느새 반려동물처럼 반려식물이 되어 당신의 입가에 항상 미소가 머물 것입니다. 이렇게 사람에게 받은 상처는 또 다른 사람에게 상처를 주고받을 수 있지만 가장 확실한 치유 방법은 조금 시간이 걸리더라도 아낌없이 주는 식물이라는 시사점을 반려식물에게서 찾습니다.

정말 우울한 날엔 화분을 삽니다. 생기를 집안으로 끌어들이고 기분전환은 물론 잡념을 줄이고 마음 집중하기에 식물만큼 좋은 것이 제겐 없답니다.

만 원 단 한 장의 가성비 좋은 소비 효과로는 식물화분이 으뜸이라고 생각합니다. 화병에 꽃을 꽃 대신 이젠 꽃봉오리가 있는 화분을 사면서 한두 달, 내년 혹은 가까운 미래에 다시 보게 될 꽃들을 생각하게 됩니다.

올봄 코로나 재난 지원금으로 지하철역에서 모셔온 양란을 꽃이 진 후 토분에 분갈이해 줬더니 바닥의 둥근 잎 속에서 새 줄기가 한 뼘 정도 자라 꽃눈을 틔우며 올라오고 있습니다.

더욱 행복한 일은 한겨울인 요즘 기존의 꽃대 곁가지에서 오동통한 꽃봉오리들이 옹기종기 맺혀있고 지금 막 두 송이가 활짝 피어났습니다. 흔한 양란이 아니라 호접란 중에서도 보기 드문 꽃잎이라 더욱 기분 좋습니다. 착한 소비에 동참한 결과 연말에 대박 함박웃음꽃을 선물 받은 듯합니다.

내년에도 다시 이 꽃을 만나기 위해선 올 한해도 더욱 열심히 눈 맞춤할 것이며, 이렇게 꽃을 만난 성취감은 자신감으로 전환되어 한결 나은 삶의 질 향상으로 느껴진다는 것을 이젠 예감할 수 있으며 학습되어 있습니다.

오늘은 2020년 12월 31일, 달을 꽉 채운 마지막 날

베란다 미니석류 나무는 팥알보다 조금 큰 나뭇잎들이 단풍이 들어 누렇게 물든 채 바닥에 우수수 떨어져 있습니다. 예전 같으

면 벌써 서너 번은 쓸어 담았겠지만 그냥 내버려 둬도 마음의 동요가 없으며 다소 지저분하지만 눈에 거슬리지도 않습니다.

산세베리아는 올해 처음으로 베란다에서 겨울을 나고 있으며, 물을 덜 줬더니 세심하게 챙길 때보다 오히려 잎이 더 건강해진 듯합니다. 매서운 추위 때문인지 잎끝은 손가락 두 마디 길이의 바늘처럼 뾰족하게 변해있습니다. 마치 북부지방의 침엽수림이 연상되며 산세베리아의 열악한 환경변화에 적응해 가는 모습을 배우고 있는 중입니다.

11월에 식구가 된 붉은 미니 다알리아는 멋들어지게 본분을 다한 후 어제 마른 잎과 줄기가 잘린 채 베란다에서 동면에 들어갔습니다.

알뿌리인지라 혹시나 내년 봄에 다시 싹을 틔울까 싶어 버리지 않고 추운 베란다에 내놓았습니다. 겨울잠을 자던 동물이 깨어난다는 경칩 무렵까지 기다려 볼 생각입니다.

어릴 적 초등학교 아저씨는 다알리아 꽃이 지고 나면 낫으로 줄기를 자르고 알뿌리를 캐 땅에 구덩이를 파고 묻었다가 다시 심으셨고, 화원에선 알뿌리를 신문지에 싸서 냉장고에 보관한다고도 들었지만 조금 보기 흉해도 화분 채 지켜보고 싶습니다.

거실의 몬스테라는 지금 열한 번째 가족이 태어나 잎을 펼치고 있는 상태라 균형감 있고 질서 정연하게 자라던 대형 프라이팬 크기만 한 잎들이 여기저기 왔다 갔다 하며 어수선한 상태입니다.

식물에게 지성적으로 배우기

중접시 크기의 돌돌 말린 잎이 완전히 펼쳐지고 점점 크게 자라서, 새 식구가 대형 프라이팬 크기의 성인이 되어 완전한 잎으로 자리 잡기까지는 계속 햇살과 공간을 양보하기 위해 조금씩 움직이기 때문에 당분간 어수선한 분위기가 지속될 것입니다.

각자의 위치에서 당당하게 자리 잡고 광합성을 하다가 새 식구를 맞이하는 몬스테라의 들쑥날쑥 어수선한 몸짓에서 오늘도 가족애와 양보 배려하는 방법 등을 배웁니다.

지금 이 어수선하고 볼품없어진 몬스테라가 어느 정도 일정한 기간이 지나면 다시 예전처럼 질서와 조화를 이루며 전보다 더 기품 있고 우아한 자태를 유지하게 될 것이라는 걸 이젠 알고 있듯이, 코로나-19로 인해 어둡고 어수선한 국제관계나 정국이지만, 코로나를 극복한 이후의 우리 사회는 일상적이고 보편적인 삶의 소중함을 잘 알기에 한층 조화롭고 성숙된 사회가 될 것이라는 시사점도 찾습니다.

거실 창가의 극락조는 오늘도 열심히 광합성을 하며 빨갛고 노란 색소를 만들어 줄기 쪽으로 보냅니다.

처음엔 각각의 잎에서 다른 색의 색소를 만드는 줄 알았는데 장시간 눈 맞춤 끝에 며칠 전 새로운 사실을 알게 되었습니다.

햇살 좋은 날 또는 밤낮없이 극락조 잎의 정중앙 잎맥의 색상이 점점 붉어지는 것을 목격할 수 있습니다. 그러다 시간이 지나면 잎 정중앙의 붉은 잎맥이 잎의 끝쪽부터 노란색으로 바뀌면서 천천히 잎 아래로 붉은 색소가 내려가는 현상을 볼 수 있습니다. 이때 옅은 노란색 계열로 잎맥이 변하다가 다시 붉은색으로 채워지며 변하기를 지속적으로 반복합니다.

지금 한 개의 화분 속에 커다란 극락조 세포기가 자라고 있으며, 이러한 잎맥의 색소 변색 현상은 먼저 나온 기존의 잎들보다 새로 돋아나 자란 잎들에게서 왕성한 활동을 포착할 수 있습니다. 이처럼 서른 장의 늠름하고 잘생긴 극락조 잎들이 매일 열심히 일을 하고 있습니다.

이렇게 일정량의 색소들이 줄기 쪽으로 내려와 꾸준히 모아지면 사람들이 그렇게도 감탄하는 신비한 극락조화를 피우게 되는 것인가 봅니다.

작년에 극락조 꽃이 피고 1년 내내 기다렸건만 감감무소식이라 내심 조바심이 났는데 파종 후 5년이 지나고 겨울철 약 5°C 저온에서 두 달 남짓 경과해야 꽃눈이 생긴다는 것을 검색을 통해 오늘 알았습니다.

그렇다면 지금 뾰족하게 올라오고 있는 새싹도 기다리던 꽃대가 아닌 것이 확실하므로 극락조화를 기다리는 설렘은 당분간 접어야 할 것 같습니다.

내년 7~8월에 극락조화를 만나려면 적어도 1월에는 베란다에 내놓아야 하는데 지금 새잎이 돋아나고 있고 유난히 추운 올겨울 베란다에서 커다란 잎이 얼치기라도 할까 봐 망설여지고 걱정이 앞섭니다.

식물에게 지성적으로 배우기

극락조화가 저온에서 50~60일 정도 추위를 이겨내야 꽃 싹을 틔울 수 있는 것처럼, 사람이나 짐승 심지어는 식물까지도 고난과 역경의 춥고 긴 기다림을 이겨내야 새 생명을 잉태할 수 있다는 자연의 섭리에 오늘도 새삼 감탄하면서 배웁니다.

이와 같은 맥락에서 세계적인 전쟁과도 같은 코로나-19의 역경을 우리 함께 지혜를 모아 잘 이겨낸다면 전 인류의 화합과 같은 멋진 새로운 패러다임의 싹이 선물처럼 우리 곁에서 꽃을 피우게 될지도 모를 일입니다.

영구불변의 뜻을 가진 신비의 꽃 극락조화를 꼭 피우겠다는 일념으로, 극락조가 꽃 싹을 틔우기 위해 극한 추위를 이겨내듯이, 우리도 코로나-19와 맞서 당당하게 2021년을 살아낸다면 회색빛 터널도 무지개 터널로 만들어 달릴 수 있으리라 생각합니다.

그렇다면 저도 주저하지 말고 거실의 극락조를 베란다로 보내야겠습니다. 멋진 극락조화를 만나기 위해선 추위와 싸우도록 강하게 키워야 한다는 것을 배웠기에 우리 아이들도 온실 속보다는 집 밖에서 좀 더 강하게 키워야겠다는 시사점도 찾습니다.

30일 ○○○대대 ○포대 밴드에 갑작스러운 폭설로 인해 제설작업을 하는 군부대 장병 사진들이 올라왔습니다.

새해 첫날, 국군장병들에겐 꿀맛 같은 휴일을 반납하고 아침에 일어나 눈을 치우고 점심 먹고 또 눈을 치웠다는 아들과의 통화에서, 짠한 마음을 숨기고 언제 눈 속에서 나뒹굴어 보겠느냐며, 눈 속에서 좋은 추억 많이 만들고 눈 쌓인 자연 속에서 호연지기를 기르는 계기를 만들라고 했습니다만…….

어쩌다 통화 할 때면 코로나로 인해 특별한 일이 없어 특별히 할 말도 없다던 아들이 위로받고 싶어 말했을 텐데, 꼰대처럼 교과서 같은 위로를 하며 좀 더 강해지길 바라는 엄마의 사랑을 이 책을 읽을 즈음이면 이해하게 되리라 생각하며 스스로를 다독입니다.

오늘은 2021년 1월 24일, 아직도 세계 곳곳에선 코로나-19로 인한 부고가 날아들고 일본 올림픽은 취소 쪽으로 가닥을 잡은 듯하며 군부대 휴가는 취소되고 있는 등 암울하지만 저는 희망적으로 생각하고 실천하려 노력 중입니다.

눈 딱 감고 극락조를 추운 베란다로 내보냈더니 다행히 겨울비가 와 위로를 받고 거실은 한결 넓어졌으며, 추운 날 따스한 공기를 베란다에 나눠주고 싶어 문을 열어놓았더니 덕분에 실내 환기로 좋은 공기를 자주 받게 되었습니다.

혹독하게 추운 날씨를 이겨낸 브룬펠시아 재스민 초록 잎은 여기저기 군데군데 진한 보랏빛이 감도는 변화를 맞이하고 있어 당장이라도 보랏빛 재스민 꽃향기를 맡을 수 있을 것만 같습니다.

겨울인데도 새잎이 돋아나고 줄기가 자라는 모습이 대견하지만 상·중·하단 부분의 균형이 맞지 않아 화분이 전체적으로 볼

식물에게 지성적으로 배우기

품없어졌습니다. 상단 부분이 웃자란 것 같아 소독한 가위로 뚝 뚝 잘라 물을 담은 꽃병에 꽂아두었습니다.

나뭇가지에서 뿌리가 내려 자라면 화분에 옮겨 심을 생각입니다.

거실 창가 오렌지 재스민 열매는 커피 열매 만하게 자라면서 붉어지더니 오렌지색보다 발그레한 빛깔로 변하면서 지금은 앵두만 한 크기입니다. 완전히 익었는지 둥근 부분이 갈라지고 있어 다음의 변화가 매우 기대됩니다. 향기로 자유로워짐은 생각했었지만 열매로 자유로워진다는 것은 4년이 지나서야 새롭게 알게 된 사실입니다.

오렌지 재스민의 둥근 열매가 익는 과정에서도 크게 자라는 현상을 일반화시킬 수 있는지는 앞으로 다른 식물의 열매 익는 과정을 통해 관찰해 볼 필요가 있다고 생각됩니다.

이렇게 식물을 알면 알수록 더 알고 싶고 궁금한 것이 많아집니다.

극락조도 추위에 아랑곳하지 않고 어린잎이 펼쳐지고 있으며 뾰족뾰족 검지 손가락만 한 또는 한 뼘 넘는 새싹들이 돋아나고 있습니다.

열한 번째 몬스테라 잎도 이젠 완전히 떡 펼쳐진 어른 잎이 되어 다시 열두 번째 잎을 틔우려고 줄기에 완전 밀착되어 있던 새싹이 살짝 일어섰습니다.

작은 여인초 포기에서도 좌우 각각 커다란 잎 세 장이 균형감 있게 늘어지며 펼쳐져 있는 가운데 약 한 뼘 반 높이의 돌돌 말린 뾰족한 일곱 번째 잎이 우뚝 솟아있습니다.

고무나무 새싹들도 갈색 고깔모자를 썼다 벗고 있습니다. 스파트필름 역시 새싹들의 발돋움이 한창이며 새색시처럼 수줍은 새하얀 꽃잎 한 장이 살포시 올라와 단정하게 서있습니다.

한겨울이지만 초록초록, 돌돌돌돌, 뾰족뾰족, 삐죽삐죽, 여기저기 집안 곳곳에서 새싹들의 발돋움 소리가 들리는 것만 같습니다.

반려식물의 식구가 늘고 개체 수가 늘어나면서 제 마음의 크기도 쭉쭉 늘어나는 것만 같습니다.

오늘도 반려식물과 눈 맞추고 귀 기울이면서 희망을 노래하고 행복을 만들어 갑니다. 행복은 거대한 것이 아니라 작은 내 마음속에 있다는 것을 알기에 마음을 넓게 쓰려 합니다.

식물에게 물 주며 소소한 행복을 맛보았으니 좀 더 큰 행복을 만들려면 좀 더 크게 마음을 쓰고 좀 더 크게 마음을 넓히고 좀 더 크게 마음을 늘려야겠다고 생각합니다.

마지막으로 코로나-19를 겪으면서 "식물에게 배우다"를 집필하면서 지금 지구가 생각보다 많이 매우 심각하게 아프다는 것을 깨닫게 되었습니다.

지금 우리가 겪고 있는 수많은 고통들이 지구가 아픈 증상들이라는 생각을 해보았습니다. 지구가 고열에 시달리고 있어 지구온난화 문제가 발생되고, 지구가 오염되어 바이러스가 국경을 넘나들고 미세먼지로 인해 숨쉬기가 곤란할 지경입니다.

이젠 전 세계인이 마음을 합쳐 계획적인 프로그램에 의해 아픈 지구를 살려내야만 합니다. 한나라만 잘한다고 해결될 문제가 아니라고 생각합니다.

코로나-19가 너무나 큰 시련이긴 하지만 이왕 이렇게 된 일이라면 전 세계 지구인들에게 지구를 보호하고 사랑해야 한다는 경각심을 불러일으켜 지구 보호 패러다임으로 연결되었으면 좋겠습니다.

몬스테라가 새잎을 키워낼 때 어수선한 움직임 속에서 다시 잎 배열의 질서 있는 안정을 찾아가듯, 극락조가 일정 기간 추위를 견뎌야만 꽃대를 올려 꽃을 피워내듯 우리 국민 모두, 아니 전 인류가 화합해 코로나-19를 견뎌내고 이겨내 '지구 보호 지구사랑'이라는 영구불변 인류 화합의 꽃을 피워야겠다는 시사점을 식물에게서 찾습니다.

반려식물과
공생합니다

　분갈이해 주려고 좋은 특대형 토분을 주문해 놓은 상태였었는데 극락조가 그새를 기다리지 못하고 2021년 3월 어느 날 스스로 화분을 깨뜨렸습니다.

　잠에서 깨어 눈을 뜨자마자 바라본 베란다에 서있는 극락조의 괴력에 깜짝 놀랐습니다. 제가 화분을 망치로 두드려 깼을 때보다 더 정교하게 일정한 간격으로 금이 간 화분 조각이 벌어져 흙이 보이고 있었기 때문입니다.

　요즘 며칠 동안 다른 식물들을 모두 토분으로 바꾸어 분갈이하느라 집안이 어수선했으므로, 자신이 뒷전으로 밀려났다는 생각이 들어 관심을 끄는 것인지 아니면 자신에게 관심을 가져달라는 극락조의 반란이나 아우성쯤으로 느껴졌습니다.

커다란 화분이 없는 난감한 상황에 아침도 먹지 못하고 부랴부랴 칼라벤자민이 자라고 있는 대형 토분을 비우고 급하게 극락조 분갈이를 시작했습니다.

밤새 일어난 일이라 언제 화분이 깨졌는지 모르니 뿌리가 마르기 전에 분갈이를 해야 할 것 같아 아들과 함께하기로 약속한 날까지 도저히 기다릴 수 없는 상황이었습니다.

대형 그림 액자 상자와 신문지를 깔아 쿠션을 만들고 그 위에 질긴 비닐을 깐 다음 극락조 화분을 지그재그로 겨우 끌어올린 후 깨진 화분 조각을 살살 걷어냈습니다.

동그란 화분 밑 부분까지 스스로 완벽하게 깨져있어 극락조와 화분의 분리 제거는 생각보다 비교적 쉬운 작업이었습니다.

흙에 착 달라붙어 있는 화분 조각을 모두 제거하고 드디어 흙과 어우러져 한 덩어리가 된 극락조의 나체를 영접할 수 있었습니다.

새끼손가락 굵기만 한 물기를 머금은 싱싱한 뿌리들이, 화분의 형태대로 모양을 만들며 잔뿌리와 한 덩어리로 뭉쳐진 흙덩어리 밖으로 제법 길게 뻗어 나와 있었습니다.

뽀얗게 물오른 굵은 뿌리는 상상외로 화분 밑바닥과 흙 사이의 빈 공간인 틈새를 비집고 무성하게 자라있었으며, 뿌리가 공간이 비좁고 더 이상 갈 곳이 없어 돌파구를 찾다 보니 스스로 화분을 깨뜨렸나 봅니다.

화분이 쩍쩍 갈라질 정도로 식물이 자라는 생명력이 이렇게 강했구나!

보이지 않는 좋은 기운이 존재한다더니 보이지 않는 그 무엇이 있긴 있는가 보구나!

눈으로 직접 확인했어도 믿기지 않을 정도로 뿌리의 힘이 화분이 깨질 만큼 세다는 것을 처음으로 목격한 흥분이 좀처럼 가시지 않았습니다.

이렇게 극락조는 뿌리까지도 저에게 감탄을 자아내게 만들었으며 키만 저보다 큰 줄 알았는데 스스로의 힘으로 화분을 깨뜨린 것을 보며 망치라는 도구의 힘을 빌려 깨는 저보다 힘이 세다는 사실도 인정하기 싫었습니다.

또한 극락조 잎과 줄기와 견줄만한 기품이 굵은 뿌리에서도 느껴졌으며 뿌리만으로도 강한 힘에 압도당하는 듯해 극락조와의 공생은 참으로 경이롭고 귀한 경험의 연속이라는 생각이 들었습니다.

흙과 뭉쳐진 제 키보다 크게 자란 극락조가 무거워 혼자서 통째로 도저히 들 수가 없어 길게 뻗은 뿌리들을 손으로 뚝뚝 끊어 제거했는데 조금만 힘을 주어도 톡톡 부러질 정도로 탱글탱글했습니다.

계속해서 뿌리에 엉겨 붙어있는 흙을 고무장갑 낀 손으로 살살 털어내면서 무게를 덜었습니다.

극락조의 뿌리 덩어리를 혼자서 겨우 들 수 있을 정도로 만들어, 급히 마련한 대형 화분에 넣긴 했으나 간신히 들어갈 뿐, 물을 주면 밖으로 모두 흘러내릴 정도로 생각했던 것보다 화분이 작아서 하는 수 없이 다시 극락조를 꽉 낀 화분에서 꺼내야 하는 신경전을 벌였습니다.

이때 뿌리만이 아니라 사방으로 뻗은 기다란 줄기와 서른세 장의 크고 넓적한 잎이 다칠세라 노심초사하면서 헌 이불을 돌돌 말아 화분 옆면에 받치고 비스듬히 눕힌 채 흙을 조금씩 덜어내며 뿌리가 빠져나올 공간을 확보해 무사히 목적 달성을 했습니다.

어쩔 수 없이 특대형 토분에서 자라고 있는 브룬펠시어 재스민을 뽑아서 대형 화분에 옮겨 심고, 다시 특대형 토분에 극락조를 겨우 안착시켰으나 이 화분도 넉넉하지 않았습니다.

이러한 과정에서 두 개의 토분에서 굵은 지렁이가 각각 한 마리씩 나왔습니다. 그중에 한 마리는 밝은 곳으로 나오자 팔딱팔딱 뛰면서 어찌나 움직임이 활발하던지 조금 징그럽기는 했어도 전처럼 소스라치게 놀라지는 않았습니다.

극락조나 재스민이 지렁이가 사는 좋은 흙에서 살고 있다는 것을 확인했으니 오히려 좋은 일이라 여겨져 다시 화분 속에 지렁이를 넣어주면서 제가 식물을 무척 사랑하고 있다는 것을 새삼스럽게 느꼈습니다.

흙을 샅샅이 뒤져보면 아마도 아기 지렁이 몇 마리는 더 나올 것 같은 눅눅한 느낌이라 최대한 있는 힘껏 빨리 분갈이를 진행했습니다.

질질 끌다시피 가슴까지 동원해 커다란 뿌리 덩어리를 안고 겨우 특대형 토분에 극락조를 옮겨 심은 후 칼라벤자민까지 모두 옮겨 심고 베란다 물청소를 끝내고 나니 날아갈 것처럼 기분이 좋아졌습니다. 해마다 분갈이할 때면 점심을 거르는 것은 다반사였지만 극락조 분갈이처럼 아침과 점심까지 먹지 못하고 적극적이었던 적은 처음이었습니다.

물론 힘겨운 분갈이 후유증으로 이틀 후 서서 앓긴 했지만 극락조에게서 받은 흥분이 꽤 오랫동안 지속된 기분 좋은 몸살이었습니다.

식물의 돌봄이 노동이 아닌 취미로 지속되려면 적어도 분갈이할 때 혼자서 무거운 흙이나 식물을 들 수 있는 근력운동이 병행되어야만 주변 사람들을 힘들게 하지 않고 즐길 수 있다는 것을 분갈이 후 몸살을 통해 더욱 실감했습니다.

더군다나 그동안 대부분 소형이나 중형 식물 중심으로 모셔왔지만 이제는 제법 자라서 초대형으로 튼튼하게 자리 잡은 열두 장의 몬스테라나 특대형의 여인초 같은 반려식물도 있습니다.

게다가 올해는 본인의 의사와는 무관한 우여곡절 끝에 특대형 아레카 야자 두 그루와 뱅갈고무나무 두 그루, 그 밖의 중·대형 홍콩야자, 금전수, 스투키, 산호초, 스파트필름과 큰아들 전역 기념으로 모셔온 치자나무까지 모두 열 식구나 늘었으니 앞으로 이들과 공생하며 큰 화분으로 이사를 시켜주려면 운동으로 체력을 보강해야겠다는 의지가 더욱 강하게 타올랐습니다.

식물에게 지성적으로 배우기

반려식물과 공생하기 위해 가장 중요한 것은 건강임을 아무리 강조해도 지나치지 않습니다. 근력이 좋아야 흙과 화분도 번쩍번쩍 들고 쑥쑥 자라나는 식물들에게 최적의 환경을 쉽게 제공해 줄 수 있으며, 그렇게 되면 상호보완적으로 싱싱하고 건강한 식물의 좋은 기운을 듬뿍 받을 수 있어 더욱 건강해진다는 것을 수년간 경험으로 깨달았기 때문입니다.

큰 화분과 흙만 있었으면 극락조의 자른 뿌리도 심어 추이를 지켜보고 싶었으나 사정이 여의치 않아 안타깝지만 버릴 수밖에 없었는데 지금까지 후회됩니다.

또한 분갈이할 경우 예상보다 조금 더 큰 화분과 넉넉한 양의 흙을 준비해야 식물이 편하게 살 수 있으며 자주 분갈이를 하지 않아도 된다는 것과 특대형 식물을 초보자 혼자서 분갈이할 경우 식물 보호를 위해 화분을 비스듬히 기울여 놓고 작업하기 위한 요령으로 헌 베게나 담요를 받침대로 준비하는 것이 베란다 타일 보호와 화분을 흠집나지 않게 재활용할 수 있는 좋은 방법이라는 것도 터득했습니다.

브룬펠시어 재스민과 극락조는 지렁이와 공생하고. 저는 극락조를 비롯한 반려식물들과 공생하면서 그들이 들려주는 삶의 지혜를 지속적으로 배우고 터득할 수 있는 기쁨과 새로운 경험들, 정화된 공기, 아름다운 꽃향기를 맘껏 즐기면서 순간순간을 누릴 수 있음에 그저 감사한 오늘입니다.

밟히면
더욱 강해진다는
결론입니다

　고추밭을 매고 풀들을 한꺼번에 쌓아놓으면 그곳에서도 풀이 죽지 않고 살아나는 경우를 종종 볼 수 있습니다. 그래서 뽑은 풀이 다시 살아나지 못하고 햇빛에 말라 죽도록 널어놓았다가 다 마른 후 나중에 걷어다 쌓아 퇴비 만드는 경우를 볼 수 있습니다.
　길가에 자라는 풀들도 수많은 사람이 오가며 짓밟지만 질기게 생명을 유지하며 더욱 억센 풀로 자란 것을 볼 수 있습니다.

　꽃의 여왕이라 불리는 장미도 가지치기를 해주어야 더 많은 가지가 나와 많은 꽃을 피운다고 하시며 차방 아주머니께서 작년 여름 텃밭의 예쁜 꽃봉오리들을 잘라 버리는 걸 보고 아까웠지만 한 수 배웠습니다.

　　　　　　　　　　　　　　　　　　식물에게 지성적으로 배우기

과수원에서도 나무 한 가지에 소수의 꽃을 남겨 수정시켜야 크고 좋은 열매가 맺히기 때문에 많은 인력이 동원되어 수많은 꽃을 따버리는 동영상을 본 적이 있습니다.

이렇게 조금만 관심을 가지면 쉽게 알 수 있었던 사실을 이제야 알게 된 것이 조금 부끄럽긴 하지만 식물에 대해서 새로운 사실을 발견하거나 알게 되는 기쁨이 저에겐 더 큽니다.

우리 집 베란다의 브룬펠시어 재스민도 너무 큰 것 같아 가지를 잘라주었더니 잘린 가지 주변에서 곁가지가 두 갈래씩 뻗어 자라고 있어 자르기 전보다 가지와 잎들이 더욱 무성해지고 성장속도도 더 빨라졌습니다.

미처 예상하지 못한 일이라 다시 웃자란 가지를 잘라주어야 하나 망설이고 있는 중입니다. 내년 봄꽃 필 때 삼각형의 균형감 있는 멋진 작품을 감상하려면 잘라야 하고 꽃을 많이 피우려면 그냥 두는 것이 좋기 때문에 결정을 내리기가 쉽지 않습니다.

난생처음 가지치기를 할 때는 마음이 무겁고 짠했었는데 무엇이든 처음이 어렵지 그다음부터는 그리 어렵지 않다는 것을 식물을 기르면서도 배우게 됩니다. 엄두가 나지 않아 한참을 서성거렸는데 이젠 가지치기를 할 때는 어떤 가지를 잘라주면 좋을지 미흡하지만 어느 정도 알 수 있으며 어떻게 새로운 가지가 자랄지에 대한 예상이 됩니다.

올 2월 말경에 평소 키우고 싶었던 특대형 뱅갈고무나무를 주문했더니 좁쌀보다 더 조그맣고 검은 딱딱한 벌레가 다닥다닥 붙어있어 잎이 누렇게 뜬 화분이 배달되었습니다.

반품도 빨리 안 되고 다른 식물들도 병충해를 입을까 우려되어 하는 수 없이 현관 밖에 내놓았더니 잎이 점점 노래지면서 한 달 정도 지나자 한 잎도 남지 않고 모두 말라 떨어지고 앙상한 나뭇가지 뼈대만 남았습니다.

버리기도 아깝고 혹시 몰라 화분 흙 위까지 분무기로 약을 치고 4일 더 현관밖에 격리해 두었다가 화분을 깨끗하게 닦은 후 거실의 햇볕이 잘 드는 커튼 뒤에 놓고 가끔 물을 주기 시작했습니다.

감사하게도 2주 정도 지나자 뾰족한 새싹이 돋기 시작해 하루가 다르게 잎이 자라고 있습니다. 가끔 돋아 난 새싹이 떨구는 껍질을 청소하면서도 기꺼이 기쁜 마음으로 즐기고 있습니다.

뱅갈고무나무의 회생을 살펴보면 한 가지 끝에서 꼭 단 한 잎만 나오는 것이 무척 신기합니다. 4월 30일 현재 튼튼한 나뭇가지 가지가지마다 오로지 한 장씩만 잎이 펼쳐져 있고 한쪽은 뾰족한 새순이 붙어있어 너무 귀엽고 사랑스럽습니다.

먼저 나온 한 장의 잎이 어느 정도 자라면 바로 옆에서 뾰족한 새순이 돋아납니다. 펼쳐진 잎과 돋아난 새순이 자라면서 동시에 줄기도 함께 자랍니다. 이와 같은 방법으로 잎이 순차적으로 돋아나고 펼쳐져 자라면 하나의 곁가지에 잎들이 서로 어긋나기로 붙어있는 것을 우리가 볼 수 있는 것입니다.

　이러한 곁가지들이 많아지면 잎이 무성하게 보이는 것이며, 시간이 흘러 줄기가 점점 자라서 길고 굵어진 하나의 푸르른 녹색 줄기가 되고 이 녹색 줄기에서 자란 새싹이 성인 잎이 되어, 굵고 푸른 줄기가 계속 자라면서 세월이 흐르면 딱딱한 나뭇가지로 변한다는 것을 미리 알 수 있습니다.

　그동안은 무심코 바라보았던 식물의 초록 잎들과 나뭇가지가 언제나 그 자리에 있었던 것처럼 당연하게 생각했었는데, 뱅갈고무나무의 회생을 지켜보면서 이 세상에 살아가는 생명 중에서 당연한 것은 아무것도 없다는 것과 식물과 동물 각각의 생명은 모두 특별하다는 것을 새삼 깨닫습니다. 이렇게 식물은 밟으면 밟힐수록 더욱 강해지는 것 같습니다.

　식물의 가지가 부러지는 고통을 겪어야 곁가지를 내고 더욱 왕성하게 자라며 예쁜 꽃들을 따주어야 큰 열매가 맺고, 한겨울 보리를 밟아주어야 뿌리를 잘 내리며, 다알리아와 극락조처럼 추운 겨울을 이겨내야만 꽃이 피는 식물도 있습니다.

　이처럼 우리 사람들도 적당한 스트레스는 건강에 도움이 될 수 있을 뿐만 아니라 뇌를 자극해 업무 효율을 높이는데 긍정적인 역할도 한다니 이와 같은 맥락으로 볼 때 식물과 동물의 삶이 닮았다는 생각이 듭니다.

대문 밖에서 추위를 견뎠고 병충해와 싸우며 두 달 넘게 고생하고 있는 뱅갈고무나무가 건강한 싹을 틔워 더욱 많은 사랑과 관심을 받는 것을 보니 문득 젊어서 고생은 사서도 한다는 속담이 생각납니다.

　다행하게도 소생하는 나무는 잎이 더 많이 맺힌다고 하니 영양 듬뿍 주고 이젠 편한 마음으로 기다려야겠습니다.

　식물과 같은 맥락에서 생각해 볼 때 저도 밟힐 만큼 밟혔다고 해도 지나치지 않을 정도로 상처받을 만큼 어처구니없는 상처를 받았었으나 배려할 만큼 배려해 끝까지 참을 만큼 참았으며 기다릴 만큼 기다렸더니, 싹이 돋아나고 있는 뱅갈고무나무 잎이 더욱 무성해지는 것처럼 요즘은 고생 끝에 낙이 온다는 말의 참뜻을 피부로 느끼고 있습니다.

　퍼줄 만큼 퍼주고 비울 만큼 모두 비웠더니 다시 채워지는 느낌이 들며 억울함과 원통함은 참고 삭혀 전화위복으로 만들었으니 '밟으면 꿈틀거린다'가 아니라 이만하면 식물처럼 저도 밟혀서 더욱 강해졌다고 자신 있게 말할 수 있으며, 다시 웃을 수 있는 지금이 얼마나 감사한지 모릅니다.

　몸도 마음도 아플 만큼 아파봤기에 지금은 매사에 감사하고 작고 소소한 것들에서도 다시 웃음이 나고 행복한 마음이 듭니다.

　코로나 사태를 종식시키기 위해 밤낮으로 애쓰시는 분들과 가족을 잃은 분들께는 죄송하지만 마음의 우울함이 가실 정도로 예전보다 행복지수가 더 높아진 것 같습니다.

　　　　　　　　　　　　　　　식물에게 지성적으로 배우기

이 모두가 식물과 벗하며 식물 곁에서 배우고 삶의 방향 설정을 바르게 터득한 덕분이라 생각되며, 지금의 행복이 식물의 지혜를 빌려 삶의 위기를 슬기롭게 버틴 결과인 만큼 제가 식물을 키운 것이 아니라 식물이 저를 키웠다 해도 지나치지 않다는 결론입니다.

연일 코로나 백신 접종 후의 부작용과 코로나 바이러스 변종으로 인한 사회적 거리두기에 대한 불안감이 엄습해 오고 있으며 인도는 사망자가 20만 명이 넘어 공포영화를 방불케 한다는 소식이 들려오고 있습니다.

설상가상으로 누나를 살해한 뒤 농수로에 버린 뒤의 행동이 더욱 무섭고 파렴치한 인간이길 포기한 것 같은 남동생 뉴스와 한강공원에서 실종된 대학생이 엿새 만에 숨진 채 발견되었다는 안타깝고 암울한 뉴스들이 계속 보도되어 국민들의 마음을 더욱 안타깝고 혼란스럽게 하는 요즘입니다.

3, 4월처럼 5월도 별다른 기대를 할 수 없는 사회적 분위기지만 유난히도 추웠던 작년 겨울을 이겨내고 베란다에 활짝 피어난 작고 여린 붉은 석류 꽃송이들을 보면서 이 중에서 올해는 미니석류가 몇 개나 맺혀 끝까지 익어갈 수 있을지에 대한 기대로 희망을 생각하게 되고 습관적으로 꽃을 바라보면서 희망을 연습하게 되는 선한 영향력을 받습니다.

이러한 식물의 선한 영향력을 저라도 누군가에게 전하고, 듣기만 해도 행복해지는 식물 소식을 있는 그대로 옮겨야겠다는 긍정적인 생각으로 마음을 다잡고 있습니다.

식물을 통해 밝히면 더욱 강해진다는 결론을 얻은 만큼 코로나 바이러스도 백신으로부터 내성이 생겨 더욱 강해진 변종 바이러스가 나오는 것도 예상했던 당연한 현상입니다. 이에 따른 우리 인류 또한 예외가 될 수 없으므로 더 효과 좋은 백신을 만들고 더욱 강한 정신력과 코로나 바이러스를 물릴 칠 수 있는 강인한 체력으로 면역력을 길러 잘 이겨낼 수 있을 것이라고 생각합니다.

따라서 인도의 코로나 위기가 인도만의 위기가 아닌 전 인류의 위기로 받아들여 지혜로운 단결력을 발휘해 전 세계가 함께 극복했으면 하는 바람입니다.

하루빨리 전 인류가 코로나 바이러스와 싸우고 있는 숨 막히는 이 전쟁이 어서 종식되어 마스크를 벗어 던지고 온 가족이 둘러앉아 함께 크게 심호흡하며 기쁨을 만끽할 수 있는 평상시로 돌아갈 수 있길 간절히 기원합니다.

인연에 대해서
배웁니다

두 아들이 입대하고 빈 둥지에서 혼자 반려식물과 살다 보니 인연에 대해서도 배우게 됩니다.

사람과 사람 사이에서의 인연이나 사람과 동물과의 인연처럼 식물과도 인연이 있어야 함께 공생할 수 있다는 것을 최근 경험 했습니다.

아무리 밀어내고 밀어내도 인연이 될 식물은 저절로 인연이 되고 아무리 함께하고 싶어도 인연이 안 되려면 식물화분 하나 집으로 모셔오는 것이 쉽지 않더라는 것입니다.

올 2월 말경 우연히 홈쇼핑에서 평소 함께하고 싶었던 식물들이 포함되어있는 일곱 종류의 식물패키지 행사를 욕심냈습니다.

평소 한 종류의 식물을 모셔오는 것도 이리저리 생각해 보고 계획적이었는데 식물을 워낙 좋아하는 마음에 혹에서 떨리는 마음으로 결재했던 것입니다.

일곱 종류의 식물이 자리 잡을 위치 선정을 미리 해두기 위해서 기존의 식물들의 위치를 변경하고 거실의 식물을 베란다로 보내는 등 처음 일주일은 새 식구를 기다리는 설렘으로 무척 행복했습니다.

그러나 열흘이 넘게 기다려도 감감무소식이었으며 우여곡절 끝에 드디어 기다리고 기다리던 식물들이 도착했으며, 저는 미리 준비해 두었던 바퀴 달린 특대형 받침대 다섯 개에 식물을 각각 싣고 신나게 여기저기 밀고 다니면서 화분 배치를 했습니다.

화분 도착 첫날은 일곱 개의 화분을 물걸레로 깨끗이 닦고 앞으로 잘 지내자는 인사를 건네며 물을 주었습니다.

다음 날 아침 인사를 하러 뱅갈고무나무에게 갔다가 잎 뒤에 다닥다닥 붙어있는 조그맣고 까만 벌레들을 발견하고 깜짝 놀랐습니다. 잎의 색이 연한 연두색이기에 갓 나온 어린잎인가보다 생각했었는데 병충해를 입은 잎이었던 겁니다.

다른 여섯 식물들도 계약사항보다 많이 미흡했지만 시간과 정성을 들이기로 마음먹고 집으로 들였었는데 이건 아니다 싶어 식물들과 더 정이 들기 전에 바로 반품 신청을 했습니다.

병이 든 뱅갈고무나무는 알아보니 다른 화분에도 옮기는 벌레라기에 즉시 현관 밖으로 내보냈습니다. 다른 화분들은 배달기사님이 오실 때까지 그 자리에 둘까 하다가 정 떼기가 쉽지 않을 것 같기도 하고 언제든지 오셔서 싣고 가시라고 현관문 밖으로 내보냈습니다.

단 하룻밤을 함께했는데 그새 정이 들었는지 어찌나 속상하던지 그날 밤은 뜬눈으로 보냈습니다.

식물 배달도 그렇게 늦더니 반품도 어찌나 안 가지고 가고 신경 쓰이게 하던지 원망스러울 정도였습니다.

살아있는 생물이라 가끔 물도 주고 추울까 봐 화분에 이불도 감아주고 혹시라도 작은 화분은 누가 들고 갈 수도 있겠다 싶어 염려되기도 하고 홈쇼핑 담당자는 확인 전화로 매번 죄송하다고 사과하는 것도 미안하고 무엇보다도 복도 청소하시는 아주머니께 죄송했습니다.

4월이라 벚꽃이 흐드러지게 피었다 졌지만 기상이변이 속출해 뉴스에서 기온을 확인하게 되고 한파 예보를 할 때면 더욱 마음이 불편해 잠을 설치곤 했습니다. 아마 이런 식으로 한 달 정도 살았나 봅니다.

이 과정이 제겐 너무나 큰 스트레스였으며 일곱 개의 식물이 집안에 들어왔다 나가고 나니 마음도 허전하고 거실도 텅 빈 느낌이라 바로 화원으로 달려가 대형 아레카야자와 특대형 뱅갈무나무를 집으로 모셔와 스스로를 위로했습니다.

그러는 사이 병든 뱅갈고무나무 잎이 말라 비틀어져 모두 떨어지고 앙상한 나뭇가지만 남았으며 다른 식물들도 신경을 썼건만 병충해가 옮겼는지 예전 같지 않았습니다.

더 이상 기다릴 수 없다고 판단한 후 홈쇼핑 담당자와 협의해 반품 완료 처리를 끝내고 화분에 약을 사다 뿌렸습니다.

이미 저는 이 일곱 종류의 식물들과 정을 끊었었고 저와는 인연이 아닌가 보다 싶어 잘 회복시켜서 친구들과 지인들에게 보내려고 했던 것입니다.

그런데 갑자기 4월 중순이 넘었는데도 기온이 영하로 내려간다기에 약까지 쳤으니 식물이 얼마나 힘들까 하는 생각이 들어 도저히 밖에 그냥 둘 수 없어 급히 실내로 들여왔습니다.

약을 뿌렸으니 또다시 일곱 개의 화분 하나하나를 물걸레로 닦았습니다. 식물들에게 미안한 마음도 있고 해서 더욱 정성껏 닦아주었습니다.

혼자서 일곱 개의 화분을 집안 곳곳에 배치했다 혼자서 특대형, 대형, 중형 화분들을 질질 끌다시피 들고 지그재그로 옮겨 밖으로 내보내고 다시 또 힘겹게 실내로 들여왔으니 근육이 뭉쳐 팔과 허리에 난생처음 파스를 더덕더덕 붙이는 바보짓을 두 번이나 했습니다.

몸도 마음도 모두 아프고 나서야 일곱 종류의 식물과 다시 새로운 인연을 맺을 수 있게 되었습니다. 힘들게 만난 인연인 만큼 더 소중하게 생각하고 가꾸어야겠습니다.

일곱 식물과 첫 만남부터 함께 힘든 고생으로 시작했으니 이제는 함께 즐길 일만 남았다고 생각합니다. 말 그대로의 뜻 동고동락을 식물과 함께할 줄이야 생각지도 못한 일입니다. 이렇게 동고동락의 참뜻을 식물에게 배웁니다.

몇 년 전부터 친구가 키우고 있는 천리향을 관심 있게 지켜만 보고 있을 뿐 아직까지 인연을 맺지 못했습니다. 4월 어느 날 드디어 큰맘 먹고 작년에 봐두었던 천리향을 모시러 화원에 달려갔습니다.

사장님께서는 꽃이 져 있는 천리향보다 꽃이 피고 있는 만리향이 더 좋다고 말씀하시며 만리향을 어찌나 적극 추천하시는지 끝까지 천리향을 고집할 수 없어 대신 작지만 우아하게 저를 유혹하고 있는 치자나무를 모셔왔습니다.

천리향을 모셔오면 만리향이 궁금해지고 만리향을 모셔오면 천리향이 자꾸만 생각날 것 같아서 천리향과 만리향을 동시에 인연 맺을 생각입니다.

공간 확보는 미리 생각해 두었으니 토분 두 개와 물받이 흙 등을 미리 준비해 두려면 생활비를 좀 더 절약해야겠습니다.

내년 봄 우리 집 베란다에는 아마도 천리향이 가장 먼저 봄소식을 전할 것이며 재스민 향기에 이어 고혹적인 만리향이 향기를 뿜고 있을 것입니다. 아마도 내년쯤이면 시간적 여유를 갖고 모인 온 가족이 행복한 미소를 짓고 있을 것이라는 기대를 해봅니다.

코로나 사태로 인한 식물과의 새로운 인연 맺기는 이만하면 된 것 같고 이제는 곁에 있는 인연을 다시 소중하게 가꾸어 나가면서 인연법에 따라 자연적으로 이루어지는 인연에 대해서도 생각할 수 있게 된 것이 식물에게 배운 큰 변화입니다.

더 좋은 세상을 위한 변화를 위해 노력하는 이웃들에게 좀 더 관심을 갖고 다가가 함께 더불어 잘 사는 인연을 만들어 나가는 것이 식물 곁에서 터득하고 배운 인연법을 실천하는 것임을 생각하다 보니 벌써 아침이 밝아옵니다.

마흔여섯 개의 몸짓언어를 탈고하면서 머릿속을 모두 비우고 난 이른 아침에 봄비가 촉촉이 내리고 있어 마음까지 덩달아 차분해집니다. 이 비 그치고 나면 어디에선가 또 찬란한 무지개가 뜰 것이라는 걸 예감하면서 밤새 식물들이 숨 쉬었을 베란다에서 크게 심호흡을 했습니다.

박사학위 통과되고 가벼운 마음으로 집으로 돌아오던 시외버스 안에서 바라보았던 한강 위의 멋진 무지개를 오늘도 그 날의 저처럼 누군가가 희망을 꿈꾸며 바라볼 수 있길 고대하면서 "식물에게 배우다"를 맺습니다.

식물에게 지성적으로 배우기

책을 맺으며

어머니 하면 생각나는 단어는 꽃, 꽃밭, 식물, 화초, 화분입니다. 최근 수십 년간 어머니 모습을 떠올려 보면 화분에 물을 주시던 모습입니다.

화초이야기를 할 때 가장 화사한 웃음을 지으셨으며 가장 밝은 목소리였던 것으로 기억됩니다.

한때는 식물에게 밀려난 것 같아 어머니께 섭섭한 마음도 있었으나 식물 곁에 있어 보니 이젠 어머니 마음을 조금 알 수 있을 것 같습니다.

단아하고 과묵하신 어머닌 대부분의 의사표현을 표정과 눈빛으로 대신하셨습니다. 저는 그 눈빛에 제압당했고 모든 것을 알아서 스스로 판단하고 행동하며 책임져야만 했습니다. 아마도 식물의 몸짓언어가 어머니의 눈빛이 되었나 봅니다.

식물의 몸짓언어는 어머니의 눈빛이 되었고, 어머니의 눈빛언어는 저로 하여금 식물의 몸짓언어를 만들게 했습니다. 제가 만든 식물의 몸짓언어는 또 누군가에게 다가가 또 다른 몸짓언어를 창조하게 될 것입니다.

이러한 식물의 몸짓언어들이 친구에게서 부모님께로, 다시 손자 손녀에게 읽혀지고 할머니 할아버지께 전해져서 남녀노소 누구나 화분에 물 주며 마음을 씻는 '식물 가꾸기'가 유행했으면 좋겠습니다.
식물들의 몸짓언어가 식물들의 몸짓합창이 되어 사람 마음의 정화는 물론 지구 온난화 방지의 마중물 역할을 할 수 있게 말입니다.

공동 집필로 식물들의 몸짓언어들이 모여 함께 입을 모으는 '식물의 몸짓합창으로 배우다'가 책으로 엮어질 날도 기대해 봅니다.
"식물들의 몸짓언어는 식물들의 몸짓합창이 될 거예요."
"우리는 식물에게서 많은 것들을 배울 수 있으니까요. 사람들이 식물에게 느끼는 감정은 모두 다 다를 테니까요."

화분에 물 주며 평소 느꼈던 생각들을 글로 엮어 맺으면서도 이렇게 논문의 제언처럼 쓰고 있고, 함께 지혜를 모아 식물의 몸짓합창을 유도하고 있는걸 보면 제가 가르치고 배우는 것을 참 좋아하는 사람이라는 걸 새삼 느낍니다.

몸짓언어 하나부터 서른넷까지 엮으면서, 30년 정도 화분에 물 주며 맺은 식물과의 좋은 인연이나 잠시 머물다 스쳐지나간 식물들의 기억을 떠올리고 추억을 되새김질하는 것만으로도 벅차고 행복했답니다.

이 글 엮는 내내 제 머릿속은 잠깐 잠자는 시간에도 온통 초록 식물 생각으로 꽉 차있었으며, 그래서인지 지금도 제 마음과 몸이 온통 초록으로 물든 듯 날아갈 것처럼 가볍습니다.

식물과의 교감에서 제가 느꼈던 기쁨과 카타르시스를 누군가에게 전하기 위해 4월 16일 잔인하도록 아름다운 봄날에 글을 맺었었으나 코로나-19로 인해 사회적 거리두기가 생각보다 길어지고 인류의 고통으로 자리매김하고 있어 무거운 마음으로 밀쳐두었던 원고를 다시 클릭했습니다.

그나마 다행인 것은 책을 엮는 동안 친정어머니의 건강이 호전되어 조급한 마음으로 책을 출간하지 않아도 된다는 것입니다.

저까지 나무를 죽여 쓰레기 만들고 싶지 않아 책은 쓰지 않기로 결심했지만 살아생전에 박사 딸이 쓴 책 한 권 선물해 드리는 것이 도리인 것 같아 밤잠을 설치며 3주 만에 어머니께서 그토록 좋아하셨던 식물을 주제로 서둘러 책을 완성했던 것입니다.

서두르면 일을 망친다더니 실천적 글이라 단숨에 써서 밀쳐두었던 글을 4개월이 지난 지금 읽어보니 그새 식물도 자라서 변모하고 변화된 사실을 추가 보완해야 할 내용도 많아 글을 수정하면서 출판을 미룬 것이 참 다행이라는 생각이 듭니다.

　무엇보다 감사할 일은 전역한 아들이 군대에서 받은 월급으로 제법 자란 칼라 벤자민을 선물해 줘 베란다가 풍성해졌으며, 저 대신 가끔 온 집안의 식물들에게 물을 줄 뿐만 아니라 모자간의 대화 시간이 크게 늘었다는 것입니다. 화분의 물이 넘쳐 바닥을 닦으면서 식물이 장염에 걸렸다고 너스레를 떨기도 합니다.

　식물의 몸짓언어가 어머니의 눈빛언어가 되어 제게 전해졌듯이, 식물의 몸짓언어에서 저보다는 좀 더 성숙된 사고과정을 특히 두 아들과 조카들이 찾아서 배우기를 희망합니다.

　글을 엮으면서 언급했듯이 우리 함께 식물의 몸짓언어에서 좋은 의미를 찾아 배우고, 좋은 생각을 하며 생각에 머물지 않고 실천적인 삶을 추구한다면 우리가 사는 세상은 좀 더 촉촉해지고 윤택해질 것이며 살맛 날 것입니다.

　오늘도 화분에 물을 주며 복잡한 마음을 씻고 식물의 안색을 살피며 식물이 들려주는 몸짓언어에 눈을 크게 뜨고 귀 기울여 배우고 또 배웁니다.

　마침 오늘 보내온 모든 날에 마시라며 고향 친구의 곳간에서 빚은 술을, 아들 신병 위로 휴가에 맞춰 재탈고한 오늘 감사주로 함께 할 수 있었던 인연도 식물이 만들어 준 선물이라는 생각이 듭니다.

　앞으로 모든 날이 감사의 날이 될 수 있도록 다시 한번 힘껏 달릴 마음의 정리정돈을 하면서, 오늘도 식물과 태양의 이른 만남을 위해 동쪽 하늘이 발그레한 새벽부터 커튼을 활짝 열어젖힙니다.

　아파트 정원의 단풍들이 알록달록 떨어지기 시작하는 시월의 끝
자락에서 글을 맺었었으나, 그새 자라 성숙해진 식물들의 좀 더 깊
이 있는 몸짓언어들을 그냥 지나칠 수 없어 다시 추가해 엮습니다.
　살던 중 수납공간이 가장 넉넉한 곳이지만 낙엽에게서 배운 비움
의 미학을 실천하기 위해 아끼던 옷들을 재활용함에 넣고 쟁여두었
던 그릇이나 냄비들을 나누면서 몸과 마음 무엇이든 비우려 노력했
고, 가장 긴축재정 해야 할 시기였지만 눈 딱 감고 소액기부에 동참
하면서 마음이 넉넉해짐을 맛볼 수 있었습니다.
　설렘으로 다가섰던 식물들도 이젠 편안한 마음으로 바라보고 있
는 반려식물이 되어 평온함을 유지하게 되었으며, 배려차원에서 참
고 표현하지 않았던 삶에서 오늘은 아닌 건 아니라고 말을 해 사회
적 악습 하나를 개선하는 과정에서 용기를 냈습니다.
　이 또한 식물이 적당한 시기에 과감하게 잎을 떨구듯 자연스럽게
생활 속 적정한 시기에 상대에게 말하기 싫어 안 했던 생각을 표현
할 수 있었으며 다행히 긍정적인 결과에 감사할 뿐입니다.

　코로나-19의 변종 바이러스로 인해 출판이 지연되면서 해를 넘
겼고 마지막 다섯 번째 탈고를 거쳐 마흔여섯 개의 몸짓언어가 완
성되었으며, 식물에게 배우고 느낀 가장 중요한 시사점으로는 코로
나-19 퇴치, 지구 온난화 방지 등의 난제를 풀고, 또다시 찾아올 다

른 지구의 위기를 미연에 방지하기 위해서는 자연 환경보호, 즉 지구 보호가 인류의 가장 중요한 복지정책이라는 생각을 하게 되었습니다.

새로움과 복고를 합친 뉴트로가 대세인 요즘 '자연보호' '환경보호'도 뉴트로 대열과 합류해 젊은이들뿐만 아니라 전 국민 아니 전 세계인들이 최우선적으로 적극 동참해야 한다고 생각합니다.

지구 온난화 방지 운동, 더 이상 미루면 안 됩니다. 북극 온난화가 유난히 빠르게 진행되고 5월에 강원도 산간지방에 눈이 내리는 등 각종 기상이변과 함께, 가장 가까이는 지난겨울 유난히 춥고 눈이 많이 내리는 현상도 아픈 지구의 눈물과 고열이 아니겠는지요.

코로나-19가 백신으로 치유된다면 아픈 지구는 비닐이 아닌 녹색 식물로 덮어주면 어떨까요?

아픈 지구가 불치병에 걸리기 전에 올림픽이나 월드컵과 동급으로 세계인의 관심이 주목될만한 환경올림픽을 4년에 한 번씩 나라별로 돌아가면서 개최하고, 지구를 살리는 영웅들은 올림픽 영웅들보다 더 우대하는 등 지금 당장 지구 온난화 방지 및 환경보호를 위한 가장 빠른 방법을 고안해 실천해야만 한다고 생각합니다.

2021년 5월에
지은이 최미애

식물
에게

배우
다

초판 1쇄 발행 2021. 7. 14.

지은이 최미애
펴낸이 김병호
편집진행 임윤영 | **디자인** 양헌경
마케팅 민호 | **경영지원** 송세영

펴낸곳 주식회사 바른북스
등록 2019년 4월 3일 제2019-000040호
주소 서울시 성동구 연무장5길 9-16, 301호 (성수동2가, 블루스톤타워)
대표전화 070-7857-9719 **경영지원** 02-3409-9719 **팩스** 070-7610-9820
이메일 barunbooks21@naver.com **원고투고** barunbooks21@naver.com
홈페이지 www.barunbooks.com **공식 블로그** blog.naver.com/barunbooks7
공식 포스트 post.naver.com/barunbooks7 **페이스북** facebook.com/barunbooks7

· 책값은 뒤표지에 있습니다.   **ISBN** 979-11-6545-445-6 03190

바른북스는 여러분의 다양한 아이디어와 원고 투고를 설레는 마음으로 기다리고 있습니다.